最新法律文件解读丛书

行政与执行法律文件解读

总第 178 辑(2019.10)

最新法律文件解读丛书编选组　编

人民法院出版社

图书在版编目(CIP)数据

行政与执行法律文件解读．总第178辑/最新法律文件解读丛书编选组编．--北京：人民法院出版社，2019.11

(最新法律文件解读丛书)

ISBN 978-7-5109-2690-7

Ⅰ.①行… Ⅱ.①最… Ⅲ.①行政法-法律解释-中国 Ⅳ.①D922.105

中国版本图书馆CIP数据核字(2019)第256676号

行政与执行法律文件解读·总第178辑

最新法律文件解读丛书编选组 编

责任编辑 张 奎
出版发行 人民法院出版社
地 址 北京市东城区东交民巷27号 邮编 100745
电 话 (010)67550673(责任编辑) 67550558(发行部查询)
65223677(读者服务部)
客服QQ 2092078039
网 址 http://www.courtbook.com.cn
E-mail courtbook@sina.com
印 刷 三河市国英印务有限公司
经 销 新华书店
开 本 787毫米×1092毫米 1/16
字 数 140千字
印 张 8
版 次 2019年11月第1版 2019年11月第1次印刷
书 号 ISBN 978-7-5109-2690-7
定 价 22.00元

卷首语

为全面贯彻落实党中央、国务院决策部署，进一步扩大金融业对外开放，为银行业、保险业对外开放顺利实施提供法治保障，国务院于2019年9月30日作出对《中华人民共和国外资银行管理条例》和《中华人民共和国外资保险公司管理条例》的修改决定。此次修改工作以习近平新时代中国特色社会主义思想为指导，贯彻落实党中央、国务院关于金融业对外开放的决策部署，在平等互利基础上，积极稳妥推动金融业对外开放，完善外资银行、外资保险公司监督管理制度。

2019年3月25日，最高人民法院审判委员会第1763次全体会议讨论并通过了《关于内地与香港特别行政区法院就仲裁程序相互协助保全的安排》(以下简称《仲裁保全安排》)，并于2019年10月1日在两地同时生效。《仲裁保全安排》共十一条，对两地相互协助保全的途径、可申请保全的范围、申请保全的程序以及保全申请审查处理等问题作出了明确规定。这是自香港回归祖国以来，内地与香港商签的第七项司法协助安排，也是内地与其他法域签署的第一份有关仲裁保全协助的文件，标志着两地在“一国两制”方针下实现了更加紧密的司法协助。

《最新法律文件解读》丛书
编　辑　部

范春雪　（010）67550525

姜　峤　（010）67550573

丁丽娜　（010）67550608

张　奎　（010）67550673

路建华　（010）67550660

执行编辑　张　奎

邮　　箱　271717306@ qq. com

目　录

【部门规章、规章性文件与解读】

【新类型疑难案例选评】

[法律、法律性文件与解读]

全国人民代表大会常务委员会

关于修改《中华人民共和国土地管理法》、《中华人民共和国城市房地产管理法》的决定

（2019年8月26日第十三届全国人民代表大会常务委员会第十二次会议通过）

第十三届全国人民代表大会常务委员会第十二次会议决定：

一、对《中华人民共和国土地管理法》作出修改

（一）增加一条，作为第六条："国务院授权的机构对省、自治区、直辖市人民政府以及国务院确定的城市人民政府土地利用和土地管理情况进行督察。"

（二）将第十一条、第十二条、第十三条合并，作为第十二条，修改为："土地的所有权和使用权的登记，依照有关不动产登记的法律、行政法规执行。

"依法登记的土地的所有权和使用权受法律保护，任何单位和个人不得侵犯。"

（三）将第十四条、第十五条合并，作为第十三条，修改为："农民集体所有和国家所有依法由农民集体使用的耕地、林地、草地，以及其他依法用于农业的土地，采取农村集体经济组织内部的家庭承包方式承包，不宜采取家庭承包方式的荒山、荒沟、荒丘、荒滩等，可以采取招标、拍卖、公开协商等方式承包，从事种植业、林业、畜牧业、渔业生产。家庭承包的耕地的承包期为

三十年，草地的承包期为三十年至五十年，林地的承包期为三十年至七十年；耕地承包期届满后再延长三十年，草地、林地承包期届满后依法相应延长。

“国家所有依法用于农业的土地可以由单位或者个人承包经营，从事种植业、林业、畜牧业、渔业生产。

“发包方和承包方应当依法订立承包合同，约定双方的权利和义务。承包经营土地的单位和个人，有保护和按照承包合同约定的用途合理利用土地的义务。”

（四）将第十九条改为第十七条，修改为：“土地利用总体规划按照下列原则编制：

“（一）落实国土空间开发保护要求，严格土地用途管制；

“（二）严格保护永久基本农田，严格控制非农业建设占用农用地；

“（三）提高土地节约集约利用水平；

“（四）统筹安排城乡生产、生活、生态用地，满足乡村产业和基础设施用地合理需求，促进城乡融合发展；

“（五）保护和改善生态环境，保障土地的可持续利用；

“（六）占用耕地与开发复垦耕地数量平衡、质量相当。”

（五）增加一条，作为第十八条：“国家建立国土空间规划体系。编制国土空间规划应当坚持生态优先，绿色、可持续发展，科学有序统筹安排生态、农业、城镇等功能空间，优化国土空间结构和布局，提升国土空间开发、保护的质量和效率。

“经依法批准的国土空间规划是各类开发、保护、建设活动的基本依据。已经编制国土空间规划的，不再编制土地利用总体规划和城乡规划。”

（六）将第二十四条改为第二十三条，第二款修改为：“土地利用年度计划，根据国民经济和社会发展计划、国家产业政策、土地利用总体规划以及建设用地和土地利用的实际状况编制。土地利用年度计划应当对本法第六十三条规定的集体经营性建设用地作出合理安排。土地利用年度计划的编制审批程序与土地利用总体规划的编制审批程序相同，一经审批下达，必须严格执行。”

（七）将第二十九条改为第二十八条，第二款、第三款修改为：“县级以上人民政府统计机构和自然资源主管部门依法进行土地统计调查，定期发布土地统计资料。土地所有者或者使用者应当提供有关资料，不得拒报、迟报，不得提供不真实、不完整的资料。

“统计机构和自然资源主管部门共同发布的土地面积统计资料是各级人民

政府编制土地利用总体规划的依据。”

（八）将第三十三条改为第三十二条，修改为：“省、自治区、直辖市人民政府应当严格执行土地利用总体规划和土地利用年度计划，采取措施，确保本行政区域内耕地总量不减少、质量不降低。耕地总量减少的，由国务院责令在规定期限内组织开垦与所减少耕地的数量与质量相当的耕地；耕地质量降低的，由国务院责令在规定期限内组织整治。新开垦和整治的耕地由国务院自然资源主管部门会同农业农村主管部门验收。

“个别省、直辖市确因土地后备资源匮乏，新增建设用地后，新开垦耕地的数量不足以补偿所占用耕地的数量的，必须报经国务院批准减免本行政区域内开垦耕地的数量，易地开垦数量和质量相当的耕地。”

（九）将第三十四条第一款、第二款改为第三十三条，修改为：“国家实行永久基本农田保护制度。下列耕地应当根据土地利用总体规划划为永久基本农田，实行严格保护：

“（一）经国务院农业农村主管部门或者县级以上地方人民政府批准确定的粮、棉、油、糖等重要农产品生产基地内的耕地；

“（二）有良好的水利与水土保持设施的耕地，正在实施改造计划以及可以改造的中、低产田和已建成的高标准农田；

“（三）蔬菜生产基地；

“（四）农业科研、教学试验田；

“（五）国务院规定应当划为永久基本农田的其他耕地。

“各省、自治区、直辖市划定的永久基本农田一般应当占本行政区域内耕地的百分之八十以上，具体比例由国务院根据各省、自治区、直辖市耕地实际情况规定。”

（十）将第三十四条第三款改为第三十四条，修改为：“永久基本农田划定以乡（镇）为单位进行，由县级人民政府自然资源主管部门会同同级农业农村主管部门组织实施。永久基本农田应当落实到地块，纳入国家永久基本农田数据库严格管理。

“乡（镇）人民政府应当将永久基本农田的位置、范围向社会公告，并设立保护标志。”

（十一）增加一条，作为第三十五条：“永久基本农田经依法划定后，任何单位和个人不得擅自占用或者改变其用途。国家能源、交通、水利、军事设施等重点建设项目选址确实难以避让永久基本农田，涉及农用地转用或者土地征收的，必须经国务院批准。

“禁止通过擅自调整县级土地利用总体规划、乡（镇）土地利用总体规划等方式规避永久基本农田农用地转用或者土地征收的审批。”

（十二）将第三十五条改为第三十六条，修改为：“各级人民政府应当采取措施，引导因地制宜轮作休耕，改良土壤，提高地力，维护排灌工程设施，防止土地荒漠化、盐渍化、水土流失和土壤污染。”

（十三）将第三十七条改为第三十八条，删去第三款。

（十四）删去第四十三条。

（十五）将第四十四条第二款、第三款、第四款修改为：“永久基本农田转为建设用地的，由国务院批准。

“在土地利用总体规划确定的城市和村庄、集镇建设用地规模范围内，为实施该规划而将永久基本农田以外的农用地转为建设用地的，按土地利用年度计划分批次按照国务院规定由原批准土地利用总体规划的机关或者其授权的机关批准。在已批准的农用地转用范围内，具体建设项目用地可以由市、县人民政府批准。

“在土地利用总体规划确定的城市和村庄、集镇建设用地规模范围外，将永久基本农田以外的农用地转为建设用地的，由国务院或者国务院授权的省、自治区、直辖市人民政府批准。”

（十六）增加一条，作为第四十五条：“为了公共利益的需要，有下列情形之一，确需征收农民集体所有的土地的，可以依法实施征收：

“（一）军事和外交需要用地的；

“（二）由政府组织实施的能源、交通、水利、通信、邮政等基础设施建设需要用地的；

“（三）由政府组织实施的科技、教育、文化、卫生、体育、生态环境和资源保护、防灾减灾、文物保护、社区综合服务、社会福利、市政公用、优抚安置、英烈保护等公共事业需要用地的；

“（四）由政府组织实施的扶贫搬迁、保障性安居工程建设需要用地的；

“（五）在土地利用总体规划确定的城镇建设用地范围内，经省级以上人民政府批准由县级以上地方人民政府组织实施的成片开发建设需要用地的；

“（六）法律规定为公共利益需要可以征收农民集体所有的土地的其他

情形。

“前款规定的建设活动，应当符合国民经济和社会发展规划、土地利用总体规划、城乡规划和专项规划；第（四）项、第（五）项规定的建设活动，还应当纳入国民经济和社会发展年度计划；第（五）项规定的成片开发并应当符合国务院自然资源主管部门规定的标准。”

（十七）将第四十五条改为第四十六条，删去第二款中的“并报国务院备案”。

（十八）将第四十六条、第四十八条合并，作为第四十七条，修改为：“国家征收土地的，依照法定程序批准后，由县级以上地方人民政府予以公告并组织实施。

“县级以上地方人民政府拟申请征收土地的，应当开展拟征收土地现状调查和社会稳定风险评估，并将征收范围、土地现状、征收目的、补偿标准、安置方式和社会保障等在拟征收土地所在的乡（镇）和村、村民小组范围内公告至少三十日，听取被征地的农村集体经济组织及其成员、村民委员会和其他利害关系人的意见。

“多数被征地的农村集体经济组织成员认为征地补偿安置方案不符合法律、法规规定的，县级以上地方人民政府应当组织召开听证会，并根据法律、法规的规定和听证会情况修改方案。

“拟征收土地的所有权人、使用权人应当在公告规定期限内，持不动产权属证明材料办理补偿登记。县级以上地方人民政府应当组织有关部门测算并落实有关费用，保证足额到位，与拟征收土地的所有权人、使用权人就补偿、安置等签订协议；个别确实难以达成协议的，应当在申请征收土地时如实说明。

“相关前期工作完成后，县级以上地方人民政府方可申请征收土地。”

（十九）将第四十七条改为第四十八条，修改为：“征收土地应当给予公平、合理的补偿，保障被征地农民原有生活水平不降低、长远生计有保障。

“征收土地应当依法及时足额支付土地补偿费、安置补助费以及农村村民住宅、其他地上附着物和青苗等的补偿费用，并安排被征地农民的社会保障费用。

“征收农用地的土地补偿费、安置补助费标准由省、自治区、直辖市通过制定公布区片综合地价确定。制定区片综合地价应当综合考虑土地原用途、土地资源条件、土地产值、土地区位、土地供求关系、人口以及经济社会发展水平等因素，并至少每三年调整或者重新公布一次。

"征收农用地以外的其他土地、地上附着物和青苗等的补偿标准，由省、自治区、直辖市制定。对其中的农村村民住宅，应当按照先补偿后搬迁、居住条件有改善的原则，尊重农村村民意愿，采取重新安排宅基地建房、提供安置房或者货币补偿等方式给予公平、合理的补偿，并对因征收造成的搬迁、临时安置等费用予以补偿，保障农村村民居住的权利和合法的住房财产权益。

"县级以上地方人民政府应当将被征地农民纳入相应的养老等社会保障体系。被征地农民的社会保障费用主要用于符合条件的被征地农民的养老保险等社会保险缴费补贴。被征地农民社会保障费用的筹集、管理和使用办法，由省、自治区、直辖市制定。"

（二十）将第五十五条第二款修改为："自本法施行之日起，新增建设用地的土地有偿使用费，百分之三十上缴中央财政，百分之七十留给有关地方人民政府。具体使用管理办法由国务院财政部门会同有关部门制定，并报国务院批准。"

（二十一）将第五十八条修改为："有下列情形之一的，由有关人民政府自然资源主管部门报经原批准用地的人民政府或者有批准权的人民政府批准，可以收回国有土地使用权：

"（一）为实施城市规划进行旧城区改建以及其他公共利益需要，确需使用土地的；

"（二）土地出让等有偿使用合同约定的使用期限届满，土地使用者未申请续期或者申请续期未获批准的；

"（三）因单位撤销、迁移等原因，停止使用原划拨的国有土地的；

"（四）公路、铁路、机场、矿场等经核准报废的。

"依照前款第（一）项的规定收回国有土地使用权的，对土地使用权人应当给予适当补偿。"

（二十二）将第六十二条第二款、第三款、第四款修改为："人均土地少、不能保障一户拥有一处宅基地的地区，县级人民政府在充分尊重农村村民意愿的基础上，可以采取措施，按照省、自治区、直辖市规定的标准保障农村村民实现户有所居。

"农村村民建住宅，应当符合乡（镇）土地利用总体规划、村庄规划，不得占用永久基本农田，并尽量使用原有的宅基地和村内空闲地。编制乡（镇）土地利用总体规划、村庄规划应当统筹并合理安排宅基地用地，改善农村村民居住环境和条件。

“农村村民住宅用地，由乡（镇）人民政府审核批准；其中，涉及占用农用地的，依照本法第四十四条的规定办理审批手续。

“农村村民出卖、出租、赠与住宅后，再申请宅基地的，不予批准。

“国家允许进城落户的农村村民依法自愿有偿退出宅基地，鼓励农村集体经济组织及其成员盘活利用闲置宅基地和闲置住宅。

“国务院农业农村主管部门负责全国农村宅基地改革和管理有关工作。”

（二十三）将第六十三条修改为：“土地利用总体规划、城乡规划确定为工业、商业等经营性用途，并经依法登记的集体经营性建设用地，土地所有权人可以通过出让、出租等方式交由单位或者个人使用，并应当签订书面合同，载明土地界址、面积、动工期限、使用期限、土地用途、规划条件和双方其他权利义务。

“前款规定的集体经营性建设用地出让、出租等，应当经本集体经济组织成员的村民会议三分之二以上成员或者三分之二以上村民代表的同意。

“通过出让等方式取得的集体经营性建设用地使用权可以转让、互换、出资、赠与或者抵押，但法律、行政法规另有规定或者土地所有权人、土地使用权人签订的书面合同另有约定的除外。

“集体经营性建设用地的出租，集体建设用地使用权的出让及其最高年限、转让、互换、出资、赠与、抵押等，参照同类用途的国有建设用地执行。具体办法由国务院制定。”

（二十四）增加一条，作为第六十四条：“集体建设用地的使用者应当严格按照土地利用总体规划、城乡规划确定的用途使用土地。”

（二十五）将第六十五条改为第六十六条，增加一款，作为第三款：“收回集体经营性建设用地使用权，依照双方签订的书面合同办理，法律、行政法规另有规定的除外。”

（二十六）将第六十六条改为第六十七条，增加一款，作为第二款：“县级以上人民政府农业农村主管部门对违反农村宅基地管理法律、法规的行为进行监督检查的，适用本法关于自然资源主管部门监督检查的规定。”

（二十七）将第七十条改为第七十一条，修改为：“县级以上人民政府自然资源主管部门在监督检查工作中发现国家工作人员的违法行为，依法应当给予处分的，应当依法予以处理；自己无权处理的，应当依法移送监察机关或者有关机关处理。”

（二十八）将第七十四条改为第七十五条，其中的“土地行政主管部门”修改为“自然资源主管部门、农业农村主管部门等按照职责”。

（二十九）将第七十七条改为第七十八条，其中的“土地行政主管部门”修改为“农业农村主管部门”。

（三十）将第八十一条改为第八十二条，修改为：“擅自将农民集体所有的土地通过出让、转让使用权或者出租等方式用于非农业建设，或者违反本法规定，将集体经营性建设用地通过出让、出租等方式交由单位或者个人使用的，由县级以上人民政府自然资源主管部门责令限期改正，没收违法所得，并处罚款。”

（三十一）删去第八十二条。

（三十二）将第八十四条中的“土地行政主管部门”修改为“自然资源主管部门、农业农村主管部门”。

（三十三）将第八十五条修改为：“外商投资企业使用土地的，适用本法；法律另有规定的，从其规定。”

（三十四）增加一条，作为第八十六条：“在根据本法第十八条的规定编制国土空间规划前，经依法批准的土地利用总体规划和城乡规划继续执行。”

（三十五）将有关条款中的“土地行政主管部门”修改为“自然资源主管部门”，“基本农田”修改为“永久基本农田”，“行政处分”修改为“处分”。

二、对《中华人民共和国城市房地产管理法》作出修改

将第九条修改为：“城市规划区内的集体所有的土地，经依法征收转为国有土地后，该幅国有土地的使用权方可有偿出让，但法律另有规定的除外。”

三、修改土地管理法、城市房地产管理法，依法保障农村土地征收、集体经营性建设用地入市、宅基地管理制度等改革在全国范围内实行，对促进乡村振兴和城乡融合发展具有重大意义。国务院及其有关部门和各省、自治区、直辖市应当坚持土地公有制性质不改变、耕地红线不突破、农民利益不受损，加强组织领导，做好法律宣传，制定、完善配套法规、规章，确保法律制度正确、有效实施。

本决定自2020年1月1日起施行。

《中华人民共和国土地管理法》、《中华人民共和国城市房地产管理法》根据本决定作相应修改，重新公布。

全国人大常委会法制工作委员会、自然资源部相关负责人就《关于修改〈中华人民共和国土地管理法〉、〈中华人民共和国城市房地产管理法〉的决定》有关问题答记者问*

问：新修改的土地管理法对保障农民权益有哪些规定？

杨合庆（全国人大常委会法制工作委员会经济法室副主任）：人多地少是我国的基本国情，广大农民都对土地十分珍视，我们任何一项改革一项立法都要把农民土地权益维护好、实现好、发展好，因此在土地管理法修改当中将保护农民利益作为基本原则和重要目标，完善了很多方面的制度。

第一，在征地方面改革了征地程序，要求政府在征地之前开展土地状况调查、信息公示，还要与被征地农民协商，必要时组织召开听证会，跟农民签订协议后才能提出办理征地申请，办理征地的审批手续，所以这极大保护了农民利益。在征地补偿方面，我们改变了以前以土地年产值为标准进行补偿，现在我们实行按照区片综合地价进行补偿，因为区片综合地价除了考虑土地产值，还要考虑区位、当地经济社会发展状况等因素综合制定地价。

第二，在集体经营性建设用地方面，这次是一个创新，改变了过去农村的土地必须征为国有才能进入市场的问题，能够为农民直接增加财产性的收入。同时在集体建设性用地入市的时候，法律要求必须由村民代表大会，或者村民

* 根据2019年8月26日在全国人大常委会办公厅举行的新闻发布会上全国人大常委会法制工作委员会经济法室副主任杨合庆、自然资源部法规司司长魏莉华答记者问整理。

会议三分之二以上的成员同意才能入市。

第三，在宅基地管理方面，我们知道我国对宅基地实行一户一宅的基本管理制度，在一些人多地少的地方，可能有些地方的宅基地用地比较紧张，这次法律规定，针对这种情况，地方政府要想办法采取别的方式保障实现农村居民居住的权利。另外，这次改革还下放了宅基地的审批权，明确要求通过规划合理安排农村的宅基地，为改善农村的居住条件提供便利。

总之，新修改后的土地管理法的这些举措将为农民利益提供更加充分的实实在在的保障。

问：土地是重要的资源，近年以来中央对土地改革进行了重大部署，这些改革效果如何，新的土地管理法有哪些重要的体现？

魏莉华（自然资源部法规司司长）：土地制度是国家的基础性制度，在革命、建设，特别是改革开放实践中形成的中国特色的土地制度为我国经济社会发展作出了历史性贡献，但是随着改革不断深化，现行农村土地制度与社会主义市场经济不相适应的问题凸显，必须通过深化改革来破解。

农村土地制度改革涉及的主体、包含的利益关系十分复杂，牵一发而动全身，必须审慎稳妥推进，所以在2014年底，中办、国办印发《关于农村土地征收、集体经营性建设用地入市、宅基地改革试点工作意见》，在全国部署农村土地制度改革试点工作。由于试点突破了土地管理法和城市房地产管理法有关规定，所以2015年2月全国人大常委会通过授权决定，授权国务院在33个试点县行政区域内暂停实施土地管理法的5个条款、城市房地产管理法的1个条款。自2015年以来，33个试点地区在党中央坚强领导下大胆探索，勇于实践，农村土地制度改革取得了明显成效，也为土地管理法修改奠定了坚实的基础。

刚刚通过的土地管理法修正案，坚持土地公有制不动摇，坚持农民利益不受损，坚持最严格的耕地保护制度和最严格的节约集约用地制度，把党中央关于农村土地制度改革的决策和试点的成功经验上升为法律，在农村三块地改革方面作出了多项创新性的规定。刚才杨合庆主任也作了介绍，我再简单介绍一下。

在土地征收方面这次新法做了三个方面完善。第一，首次对土地征收的公共利益进行明确界定，因为原来宪法和土地管理法都规定国家为了公共利益的需要可以征地，但是什么是公共利益？长期以来没有明确的法律规定，特别是我们土地管理法又规定，任何单位和个人使用土地必须使用国有土地，所以导致了征收成为获得土地的唯一途径。这次我们在总结试点经验的基础上，采用列举的方式，对于哪些是公共利益可以动用国家征收权作出了明确的界定。因军事外交，政府组织实施的基础设施建设、公益事业、扶贫搬迁和保障性安居工程，以及成片开发建设等六种情况确需要征地的可以依法实施征收。第二，土地管理法首次明确了土地征收补偿的基本原则是保障被征地农民原有生活水平不降低，长远生计有保障。这样一个规定就改变了过去我们是以土地征收的原用途来确定土地补偿，以年产值倍数法来确定土地补偿费和安置补助费的做法，以区片综合地价取代原来的土地年产值倍数法，另外在原来的土地补偿费、安置补助费、地上附着物三项基础上又增加了农村村民住宅补偿和社会保障费，这样就从法律上为被征地农民构建了一个更加完善的保障体系。第三，完善了土地征收程序，把原来的批后公告改为了批前公告，主要是使被征地农民在整个过程中有更多参与权、监督权和话语权。

在集体经营性建设用地入市方面，这次新修改的土地管理法破除了农村集体建设用地进入市场的法律障碍。我们删除了原来土地管理法第四十三条，任何单位或个人需要使用土地的必须使用国有土地的规定。增加规定农村集体建设用地在符合规划、依法登记，并经三分之二以上集体经济组织成员同意的情况下，可以通过出让、出租等方式交由农村集体经济组织以外的单位或个人直接使用，同时使用者在取得农村集体建设用地之后还可以通过转让、互换、抵押的方式进行再次转让。这是土地管理法一个重大制度创新，取消了多年来集体建设用地不能直接进入市场流转的二元体制，为城乡一体化发展扫除了制度性的障碍，集体经营性建设用地入市是这次土地管理法修改的最大的亮点。

在宅基地方面在原来一户一宅的基础上增加了户有所居的规定，因为有部分农村村民已经进城落户，对他们原来在农村的宅基地是否允许退出，这次修改允许已经进城落户的农村村民自愿有偿退出宅基地，因为农民变成市民真正实现城市化是一个漫长的过程，在整个过程中我们要有足够的耐心。如果农民不愿意退出宅基地，地方政府不能强迫其退出宅基地，必须是在自愿有偿的基础上。

总体来看，这次新修改的土地管理法把农村三块地改革的成功经验全部吸收到土地管理法，在农村土地管理方面作出了多项创新性的规定。

问：新修订的土地管理法有一个变化，把原来的“基本农田”全部改成了“永久基本农田”，这样的修改只是说字面上的调整，还是说背后有什么深意？

魏莉华：这次我们在土地管理法修改过程中把土地管理法中的“基本农田”全部修改为“永久基本农田”，这个修改不是简单的文字修改，而是理念的重大转变。我们用网上一个时髦的话说，这就是基本农田保护 2.0 版。这样的修改，体现了对基本农田永久保护这样一个价值的理念。2017 中发 4 号文件提出，耕地是我国最为宝贵的资源，强调“两个决不能”，已经确定的耕地红线决不能突破，已经划定的城市周边永久基本农田决不能随便占用。党的十九大报告也明确提出，要完成生态红线、永久基本农田、城市开发边界三条控制线的划定工作。按照党中央、国务院的部署，我们全面推进永久基本农田划定工作，目前已经完成了 2887 个县级行政区域永久基本农田的划定工作，这次新修改的土地管理法总结实践中永久基本农田保护和划定的一些成功经验。在第三十五条明确规定永久基本农田经依法划定后任何单位和个人不得擅自占用或者改变用途，要求永久基本农田必须落实到地块，纳入数据库严格管理。同时，原来土地管理法要求各省、自治区、直辖市必须把 80% 以上的耕地划入永久基本农田，考虑到各省的耕地后备资源有很大的不同，所以这次新法作了一个微调，具体的划定的比例由国务院根据各省、自治区、直辖市实际情况来确定，使这部法律的规定更加符合实际。总之，保护耕地，保护永久基本农田，是我们土地管理法的核心和宗旨之一，也是在这次修订过程中坚持的一项基本原则。

问：刚才魏司长说的农村集体经营性建设土地入市，改变了原先建设用地只能用国有土地的格局，这对下一步的土地供应格局会有什么样的影响，会不会形成冲击？

杨合庆：其实刚才这个问题魏莉华司长基本上已经都回答了，这个问题从两个方面来看。第一个方面，这次土地管理法的修改，包括集体经营性建设用地入市改革，目的就是为了改变、完善现有的建设用地土地供应的格局。原来我们只有国有的建设用地才能进入市场，以进行各项建设，现在是允许集体可以把集体的建设用地，直接由集体出让、出租用于建设，这是土地供应格局的改变。第二个方面，集体经营性建设用地入市。首先，入市的土地要符合规划，规划必须是工业或者商业等经营性用途。其次，它必须要经过依法登记。最后，它在每年的土地利用年度计划中要作出安排。另外，即使获得了集体经营性建设用地的使用权之后的土地权利人也要按原来规划的用途来使用土地。因此从这几个方面来讲，它不会对我们的土地市场造成冲击。

[行政法规、法规性文件与解读]

国务院

关于修改《中华人民共和国外资保险公司管理条例》和《中华人民共和国外资银行管理条例》的决定

2019 年 9 月 30 日　　国务院令第 720 号

为进一步扩大金融业对外开放，国务院决定对《中华人民共和国外资保险公司管理条例》和《中华人民共和国外资银行管理条例》部分条款予以修改。

一、将《中华人民共和国外资保险公司管理条例》第四条中的“中国保险监督管理委员会（以下简称中国保监会）”、“中国保监会”修改为“国务院保险监督管理机构”，第五条至第十五条、第十八条至第二十三条、第二十五条至第二十九条、第三十一条至第三十七条中的“中国保监会”修改为“国务院保险监督管理机构”。

删去第八条第一项和第二项。

第十二条第二款中的“工商行政管理机关”修改为“市场监督管理部门”。

第三十九条修改为：“香港特别行政区、澳门特别行政区和台湾地区的保险公司在内地（大陆）设立和营业的保险公司，比照适用本条例。”

增加一条，作为第四十条：“外国保险集团公司可以在中国境内设立外资保险公司，具体管理办法由国务院保险监督管理机构依照本条例的原则制定。”

增加一条，作为第四十一条：“境外金融机构可以入股外资保险公司，具体管理办法由国务院保险监督管理机构制定。”

二、删去《中华人民共和国外资银行管理条例》第十条第二项。

将第十一条修改为：“拟设中外合资银行的股东除应当具备本条例第九条规定的条件外，其中外方股东应当为金融机构，且外方唯一或者主要股东还应当具备下列条件：

“（一）为商业银行；

“（二）资本充足率符合所在国家或者地区金融监管当局以及国务院银行业监督管理机构的规定。”

第十二条修改为：“拟设分行的外国银行除应当具备本条例第九条规定的条件外，其资本充足率还应当符合所在国家或者地区金融监管当局以及国务院银行业监督管理机构的规定。”

第十九条、第二十二条、第二十七条中的“工商行政管理机关”修改为“市场监督管理部门”。

第二十二条中的“工商登记证”修改为“外国企业常驻代表机构登记证”。

第二十五条修改为：“外国银行可以在中华人民共和国境内同时设立外商独资银行和外国银行分行，或者同时设立中外合资银行和外国银行分行。”

第二十九条第一款、第三十一条第一款各增加一项，作为第四项：“（四）代理发行、代理兑付、承销政府债券”。第二十九条第一款第八项、第三十一条第一款第八项分别改为第九项，修改为：“（九）代理收付款项及代理保险业务”。

第三十一条第二款修改为：“外国银行分行可以吸收中国境内公民每笔不少于50万元人民币的定期存款。”

第三十四条修改为：“外资银行营业性机构经营本条例第二十九条或者第三十一条规定业务范围内的人民币业务的，应当符合国务院银行业监督管理机构规定的审慎性要求。”

第四十四条修改为：“外国银行分行应当按照国务院银行业监督管理机构的规定，持有一定比例的生息资产。”

第四十五条增加一款，作为第二款：“资本充足率持续符合所在国家或者地区金融监管当局以及国务院银行业监督管理机构规定的外国银行，其分行不受前款规定的限制。”原第二款改为第三款，其中的“前款”修改为“本条第一款”。

第五十五条修改为：“外国银行在中华人民共和国境内设立的外商独资银行、中外合资银行的董事长、高级管理人员和外国银行分行的高级管理人员不得相互兼职。”

第五十六条修改为：“外国银行在中华人民共和国境内设立的外商独资银行、中外合资银行与外国银行分行之间进行的交易必须符合商业原则，交易条件不得优于与非关联方进行交易的条件。外国银行对其在中华人民共和国境内设立的外商独资银行与外国银行分行之间的资金交易，应当提供全额担保。”

第七十二条修改为：“香港特别行政区、澳门特别行政区和台湾地区的金融机构在内地（大陆）设立的银行机构，比照适用本条例。国务院另有规定的，依照其规定。”

此外，对相关行政法规中的条文序号作相应调整。

本决定自公布之日起施行。

做好法治保障　确保银行业、保险业对外开放措施落地落实

——司法部、中国银保监会相关负责人就《国务院关于修改〈中华人民共和国外资保险公司管理条例〉和〈中华人民共和国外资银行管理条例〉的决定》有关问题答记者问

问：此次修改两部条例的背景是什么？

答：党中央、国务院高度重视对外开放工作，明确将“开放”列为五大发展理念之一，强调改善投资和市场环境、加快对外开放步伐，积极稳妥推动

金融业对外开放。习近平主席在博鳌亚洲论坛2018年年会开幕式上，发表题为“开放开创繁荣 创新引领未来”的主旨演讲，宣布大幅放宽市场准入，确保放宽银行、证券、保险行业外资股比限制的重大措施落地，同时要加大开放力度，加快保险行业开放进程，放宽外资金融机构设立限制，扩大外资金融机构在华业务范围，拓宽中外金融市场合作领域。经党中央、国务院批准，2019年5月，中国银保监会从取消外资股比限制、放宽市场准入条件、拓宽商业存在和扩大业务范围等方面，提出12条银行业、保险业新开放政策措施。2019年7月，国务院金融稳定发展委员会办公室在深入研究评估的基础上，再次推出包括放宽外资保险公司准入条件在内的11条新开放政策措施。全面贯彻落实党中央、国务院决策部署，为银行业、保险业对外开放顺利实施提供法治保障，有必要对《中华人民共和国外资银行管理条例》和《中华人民共和国外资保险公司管理条例》作出相应修改。

问：修改工作的总体思路和把握的原则是什么？

答：此次修改工作以习近平新时代中国特色社会主义思想为指导，贯彻落实党中央、国务院关于金融业对外开放的决策部署，在平等互利基础上，积极稳妥推动金融业对外开放，完善外资银行、外资保险公司监督管理制度。

把握的主要原则：一是扩大开放与自主灵活实施并立，结合国内改革发展目标和国家战略需要进行开放，实现互利共赢；二是扩大开放与维护金融安全并重，通过有效措施保障金融安全，落实开放举措；三是扩大开放与有序推进并行，注重对外开放与我国实际相结合，走一条符合中国国情的银行业、保险业对外开放道路。

问：修改后的《中华人民共和国外资保险公司管理条例》（以下简称《外资保险公司条例》）在扩大保险业对外开放方面，主要有哪些体现？

答：修改后的《外资保险公司条例》放宽了外资保险公司准入限制，对申请设立外资保险公司的外国保险公司，取消“经营保险业务30年以上”和“在中国境内已经设立代表机构2年以上”的条件，鼓励更多有经营特色和专长的保险机构进入中国市场。同时，允许外国保险集团公司在中国境内投资设立外资保险公司，允许境外金融机构入股外资保险公司，并授权国务院保险监督管理机构制定具体管理办法，进一步丰富外资保险公司的股东类型，激发市场活力，促进保险业高质量发展。

问：修改后的《中华人民共和国外资银行管理条例》（以下简称《外资银

行条例》）进一步放宽了外资银行准入门槛，主要体现在哪些方面？

答：一是放宽中外合资银行中方股东限制，取消中外合资银行的中方唯一或者主要股东应当为金融机构的要求，进一步扩大外资银行自主选择中方合作伙伴的范围；二是放宽外国银行在华设立营业性机构的条件限制，取消外国金融机构来华设立法人银行的100亿美元总资产要求和外国银行来华设立分行的200亿美元总资产要求，为规模较小但自身经营具有特色和专长的外国银行来华设立机构提供更大空间。

问：根据修改后的《外资银行条例》，外国银行在华是否可以同时拥有子行和分行？

答：修改后的《外资银行条例》放宽了对外国银行在中国境内同时设立法人银行和外国银行分行的限制，允许外国银行在中华人民共和国境内同时设立外商独资银行和外国银行分行，或者同时设立中外合资银行和外国银行分行，以更好满足外国银行拓展在华业务的实际需要。

问：在放宽外资银行业务限制方面，有哪些新变化？

答：修改后的《外资银行条例》进一步放宽对外资银行的业务限制，主要体现在以下三方面：一是扩大外资银行的业务范围，增加“代理发行、代理兑付、承销政府债券”和“代理收付款项”业务，进一步提升在华外资银行服务能力；二是降低外国银行分行吸收人民币存款的业务门槛，将外国银行分行可以吸收中国境内公民定期存款的金额下限由每笔不少于100万元人民币改为每笔不少于50万元人民币；三是取消外资银行开办人民币业务的审批，进一步优化在华外资银行的营商环境，使条件成熟、准备充分的外资银行一开业即拥有全面的本外币服务能力，在为实体经济更好提供服务的同时，增加盈利来源。

问：修改后的《外资银行条例》对外国银行分行营运资金管理作出了哪些调整？

答：为在保证安全的同时增强外国银行分行资产运用的自主性和灵活性，将原来规定的“外国银行分行营运资金的30%应当以国务院银行业监督管理机构指定的生息资产形式存在”，修改为“外国银行分行应当按照国务院银行业监督管理机构的规定，持有一定比例的生息资产”。同时，增加规定：资本充足率持续符合所在国家或者地区金融监管当局以及国务院银行业监督管理机构规定的外国银行，其在中国境内的分行不受“营运资金加准备金等项之和中的人民币份额与其人民币风险资产的比例不得低于8%”的限制。

问：为贯彻落实两部条例，下一步有哪些工作安排？

答：下一步，中国银保监会将加快推进《外资银行管理条例实施细则》《外资保险公司管理条例实施细则》等相关配套制度的修订完善，进一步优化银行业、保险业投资和经营环境，激发外资参与中国金融业发展的活力，丰富金融服务和产品体系，提升金融服务实体经济的质效。

在平等互利的基础上，支持更多符合条件的外资金融机构参与中国银行业、保险业对外开放进程，共同构建更加开放、互利共赢的金融市场。与此同时，我们将立足中国国情，借鉴国际经验，持续完善法规制度建设，坚决守住不发生系统性金融风险的底线，促进银行业、保险业健康发展，确保新时代金融业改革开放行稳致远。

国务院办公厅
关于促进全民健身和体育消费推动体育产业高质量发展的意见

2019年9月4日　　　　国办发〔2019〕43号

各省、自治区、直辖市人民政府，国务院各部委、各直属机构：

体育产业在满足人民日益增长的美好生活需要方面发挥着不可替代的作用。在新形势下，要以习近平新时代中国特色社会主义思想为指导，强化体育产业要素保障，激发市场活力和消费热情，推动体育产业成为国民经济支柱性产业，积极实施全民健身行动，让经常参加体育锻炼成为一种生活方式。经国务院同意，现提出以下意见。

一、深化“放管服”改革，释放发展潜能

（一）深化全国性单项体育协会改革。各协会主办的体育赛事活动资源、

培训项目等，符合条件的都要通过公开方式交由市场主体承办。鼓励将赛事活动承办权、场馆运营权等通过产权交易平台公开交易。（体育总局和地方人民政府负责。以下除特别指出的外均需地方人民政府负责，不再列出）

（二）完善赛事管理服务机制。制定体育赛事活动办赛指南、参赛指引，明确举办基本条件、标准、规则和各相关主管部门的责任。建立跨部门的体育赛事活动综合服务机制或例会制度。开发体育赛事活动安全许可预受理系统，为赛事活动承办方申请许可提供便利。改进商业性体育赛事活动的安全管理措施。（体育总局、公安部负责）

（三）深化场馆运营管理改革。鼓励各地推进公共体育场馆"改造功能、改革机制"工程。政府投资新建体育场馆应委托第三方企业运营，不宜单独设立事业单位管理。支持职业体育俱乐部主场场馆优先改革。（体育总局负责）

（四）推动公共资源向体育赛事活动开放。围绕可利用的水域、空域、森林、草原等自然资源，综合考虑生态、防洪、供水安全等因素，分类制定允许开展的体育赛事活动目录，明确申请条件和程序。推动自行车、运动船艇、滑雪板等体育器材装备的公路、铁路、水运、民航便利化运输。（体育总局、公安部、自然资源部、住房城乡建设部、交通运输部、水利部、林草局、铁路局、民航局、空管办负责）

二、完善产业政策，优化发展环境

（五）落实已有税费政策。体育企业符合现行政策规定条件的，可享受研究开发费用税前加计扣除、小微企业财税优惠等政策。体育场馆自用的房产和土地，可按规定享受有关房产税和城镇土地使用税优惠。鼓励通过谈判协商、参与市场化交易等方式，确定体育场馆及健身休闲设施使用电气热的价格。（财政部、税务总局、发展改革委、能源局负责）

（六）加强知识产权保护。推动体育赛事转播权市场化运营。建立体育无形资产评估标准、完善评估制度。支持各类体育协会采用冠名、赞助、特许经营等方式开发其无形资产。（体育总局、财政部负责）

（七）加大金融支持力度。鼓励银行业金融机构开展体育企业应收账款、知识产权等质押贷款创新。引导各地政府性融资担保机构将体育企业纳入支持范围。支持符合条件的体育企业发行社会领域产业专项债券。鼓励保险机构积极开发相关保险产品。（人民银行、财政部、银保监会、发展改革委负责）

三、促进体育消费，增强发展动力

（八）优化体育消费环境。完善体育市场主体和从业人员信用记录。加大对体育市场违法违规经营行为的打击力度，规范体育市场秩序。（体育总局、发展改革委、市场监管总局负责）

（九）出台鼓励消费政策。鼓励各地采取灵活多样的市场化手段促进体育消费，丰富群众性体育赛事活动、优化参赛体验。推动公共体育场馆延长开放时间，鼓励开发健身产品、提供体育培训服务。（体育总局、发展改革委负责）

（十）开展促进体育消费试点。以体育产业规划、城市体育用地供给、社区体育设施配套、经常参加体育锻炼人数等为条件，确定一批国家体育消费试点城市。（体育总局、发展改革委、自然资源部负责）

（十一）培养终身运动习惯。实施全民健身行动，努力打造百姓身边的健身组织和“15 分钟健身圈”。推行运动水平等级评定制度，根据不同项目、年龄段特点，制定专业和业余统一的等级标准，培养健身技能，增强体育消费粘性，激活健身培训市场。探索实行学生运动技能标准达标评定制度，推动每名学生熟练掌握至少 1 项终身受益的运动技能。广泛开展各级学校体育联赛。（体育总局、教育部负责）

四、建设场地设施，增加要素供给

（十二）优化体育产业供地。各地区在编制国土空间规划时要统筹考虑体育用地布局，在安排年度土地利用计划时，加大对体育产业新增建设用地的支持力度。利用以划拨方式取得的存量房产、土地兴办体育产业，符合《划拨用地目录》的可按划拨方式办理用地手续，不符合《划拨用地目录》的可采取协议出让方式办理。鼓励各地探索利用集体建设用地、符合条件的“四荒”（荒山、荒沟、荒丘、荒滩）土地发展体育产业。（自然资源部、林草局负责）

（十三）因地制宜建设体育设施。鼓励各类市场主体利用工业厂房、商业用房、仓储用房等既有建筑及屋顶、地下室等空间建设改造成体育设施，并允许按照体育设施设计要求，依法依规调整使用功能、租赁期限、车位配比及消防等土地、规划、设计、建设要求，实行在五年内继续按原用途和土地权利类型使用土地的过渡期政策。合理利用公园绿地、市政用地等建设足球场、篮球场、排球场等体育设施，鼓励社会资本参与投资建设并依法按约定享受相应权益。已交付的体育设施由体育部门履行监管职责，确保落实体育用途。（发展改革委、自然资源部、住房城乡建设部、体育总局等相关部门按职责分工分别负责）

（十四）加大全民健身设施建设力度。组织实施全民健身提升工程，安排中央预算内投资支持全民健身和体育产业基础设施建设。开展全国社会足球场地设施建设专项行动。（发展改革委、体育总局负责）

（十五）挖掘学校体育场地设施开放潜力。在政策范围内采取必要激励机制，支持中小学对校园体育场地设施进行社会通道改造，在课余时间和节假日向社会开放；不具备改造条件的，也应保证在课余时间和节假日向本校师生开放；新建的学校体育场地设施应在规划设计时，创造向社会开放的条件；鼓励以购买服务方式引入专业机构运营管理。严格执行学校安全管理措施，确保校园安全。（教育部、住房城乡建设部、体育总局、自然资源部负责）

（十六）规范体育场馆公共安全服务供给。建立体育场馆安保等级评价制度。制定相关安保标准，分级分类明确体育赛事安全设施和安保人员装备配备要求，推动安保业务市场化、专业化发展。到 2022 年，大型体育场馆全部完成安保等级评价。（公安部、体育总局负责）

五、加强平台支持，壮大市场主体

（十七）发挥政府资金引导带动作用。研究设立由政府出资引导、社会资本参与的中国体育产业投资基金。以省为单位制定政府购买公共体育服务目录和标准。（体育总局、财政部、发展改革委和各省级人民政府负责）

（十八）建设体育产业发展平台。促进各类体育组织与体育企业合作，打造一批知名企业和自主品牌。鼓励符合条件的中小体育企业服务平台申报国家中小企业公共服务示范平台。开展全国体育科技创新大赛。（体育总局、科技部、工业和信息化部负责）

（十九）推动体育社会组织发展。体育社会组织符合直接登记条件的，可直接向民政部门依法办理登记。重点扶持一批运行良好、积极作为的基层体育组织。（体育总局、民政部负责）

六、改善产业结构，丰富产品供给

（二十）提升体育服务业比重。大力培育健身休闲、竞赛表演、场馆服务、体育经纪、体育培训等服务业态，创新商业模式，延伸产业链条。力争到2022年，体育服务业增加值占体育产业增加值的比重达到60%。加强体育服务业质量监测。（体育总局、市场监管总局负责）

（二十一）支持体育用品制造业创新发展。推动智能制造、大数据、人工智能等新兴技术在体育制造领域应用。鼓励体育企业与高校、科研院所联合创建体育用品研发制造中心。（工业和信息化部、发展改革委、体育总局负责）

（二十二）推动体育赛事职业化。着力发展现有职业联赛，鼓励有条件的运动项目举办职业赛事，合理构建职业联赛分级制度。支持成立各类职业联盟。支持校际体育赛事发展，探索商业化运营模式。发展体育经纪人队伍，挖掘体育明星市场价值。（体育总局、教育部负责）

（二十三）加快发展冰雪产业。促进冰雪产业与相关产业深度融合，合理规划、广泛调动社会力量投资建设冰雪运动场地设施。力争到2022年，冰雪产业总规模超过8000亿元，推动实现“三亿人参与冰雪运动”目标。（体育总局负责）

（二十四）大力发展“互联网+体育”。推动电子商务平台提供体育消费服务。支持以冰雪、足球、篮球、赛车等运动项目为主体内容的智能体育赛事发展。（体育总局负责）

七、优化产业布局，促进协调发展

（二十五）打造体育产业增长极。以京津冀、长三角、粤港澳大湾区、海南等区域为重点发展体育产业，培育一批具有较大影响力的体育城市。引导在京的全国性体育组织落户河北雄安新区，支持京津体育科研院所、体育高科技企业到河北开展技术研发、中试和产业化生产。（体育总局、发展改革委和相关地方人民政府负责）

（二十六）促进区域特色体育产业发展。以资源禀赋为依托，引导足球、冰雪、山地户外、水上、汽车摩托车、航空等运动项目产业合理布局。分项目制定新一轮产业发展规划，加强相关基础设施建设，鼓励各地开发一批以攀岩、皮划艇、滑雪、滑翔伞、汽车越野等为代表的户外运动项目。支持新疆、内蒙古、东北三省等地区大力发展寒地冰雪经济。（体育总局、发展改革委负责）

（二十七）助力“一带一路”建设。以“一带一路”沿线国家为重点，发起组建国际体育产业联盟。推动在“一带一路”沿线国家举办马拉松、自行

车、帆船、汽车拉力赛等系列体育赛事。（体育总局、发展改革委、外交部负责）

八、实施“体育+”行动，促进融合发展

（二十八）推动体医融合发展。将体育产业发展核心指标纳入全国卫生城市评选体系。鼓励医院培养和引进运动康复师，开展运动促进健康指导，推动形成体医融合的疾病管理和健康服务模式。完善国民体质监测指标体系，将相关指标纳入居民健康体检推荐范围。为不同人群提供有针对性的运动健身方案或运动指导服务，推广科学健身，提升健身效果。加强针对老年群体的非医疗健康干预，普及健身知识，组织开展健身活动。（卫生健康委、民政部、体育总局负责）

（二十九）鼓励体旅融合发展。探索将体育旅游纳入旅游度假区等国家和行业标准。实施体育旅游精品示范工程，打造一批有影响力的体育旅游精品线路、精品赛事和示范基地。规范和引导体育旅游示范区建设。将登山、徒步、越野跑等体育运动项目作为发展森林旅游的重要方向。（文化和旅游部、林草局、发展改革委、体育总局负责）

（三十）加快体教融合发展。通过政府购买服务等方式，引进专业教练员、退役运动员、体育培训机构等为学校体育课外训练和竞赛提供指导。鼓励各地将体育基地、运动营地等纳入青少年研学基地。完善学校体育教学、训练和竞赛体系，支持学校与体育部门建立运动员共同培养机制。以游泳、田径等项目为试点，将教育部门主办的符合要求的赛事纳入运动员技术等级评定体系。加强普通高校高水平运动队建设，将其纳入国家竞技体育后备人才培养体系。（教育部、体育总局负责）

九、强化示范引领，打造发展载体

（三十一）鼓励建设体育服务综合体。支持推出一批体育特色鲜明、服务功能完善、经济效益良好的综合体项目，稳步推进建设一批规划科学、特色突出、产业集聚的运动休闲特色小镇。（体育总局、发展改革委负责）

（三十二）加强体育产业基地建设与管理。推动形成一批运转良好、带动能力强的国家体育产业示范基地、示范单位和示范项目。（体育总局负责）

（三十三）探索体育产业创新试验区建设。培育一批试验区，鼓励和引导

各地在体制机制、主体培育、融合发展等方面探索实践。利用现有资源，设立国家体育产业发展协同创新中心。（体育总局、发展改革委负责）

十、夯实产业基础，提高服务水平

（三十四）加强体育产业人才培养。鼓励普通高校、职业院校设置体育产业相关专业，形成有效支撑体育产业发展的高层次人才培养体系。完善教练员水平评价制度。（教育部、体育总局负责）

（三十五）完善体育产业统计体系。开展体育产业统计监测，到2022年，基本形成及时、全面、准确的体育产业数据定期发布机制。（体育总局、统计局负责）

体育总局、发展改革委要加强对本意见落实情况的跟踪督促。各有关部门要强化责任落实，加强协同联动。各地区要建立相关协调机制，强化政策衔接，做到思想重视、责任到位、措施有力、确保实效。

解读——

《国务院办公厅关于促进全民健身和体育消费推动体育产业高质量发展的意见》*

一、《促进体育意见》对促进我国体育产业的高质量发展的重要意义

近年来，体育产业逐步进入了发展的黄金期，当然也面临着由高速发展向高质量发展的转型，在这个过程中，一些制约因素也在逐步凸显出来。根据中共中央的有关批示，这次国家体育总局和国家发改委联合牵头起草了这个《促进体育意见》。

* 根据国务院新闻办公室2019年9月18日举行的国务院政策例行吹风会上国家体育总局副局长李颖川和国家发展改革委员会有关负责人就《国务院办公厅关于促进全民健身和体育消费推动体育产业高质量发展的意见》（本文简称《促进体育意见》）的介绍及答记者问整理。

《促进体育意见》的出台，对推动体育产业高质量发展至少有以下四方面的意义。

（一）明确了产业定位

体育产业高质量发展，既需要产业规模进一步扩大，也需要产业结构更加合理。《促进体育意见》明确提出，要推动体育产业逐步成为国民经济支柱性产业，强化体育产业的要素保障，让经常参加体育锻炼成为一种生活方式。这个定位符合产业发展规律，适应建设健康中国的需求，也适应广大人民群众的期盼，为社会各方力量进入体育产业以及激发体育产业内在活力发出了一个积极的信号。

（二）明确了发展方向

体育产业高质量发展，就需要体育产品的供给体系优质可及。《促进体育意见》聚焦促进体育消费和提高服务业比重，从培养体育人口、扩大赛事供给、培育新兴业态、开展体育消费试点、加强知识产权保护、加大金融支持力度、推动融合发展等方面提高体育消费水平，补齐体育服务业短板。

（三）明确了主要抓手

体育产业高质量发展，要具备大格局，对接大战略。这次《促进体育意见》把体育拉出了“小圈子”，与国家的重大战略部署相对接。其中提出要打造京津冀等重点区域体育产业增长极，引导全国性体育组织落户河北雄安，在“一带一路”沿线国家组建体育产业联盟，举办体育赛事等一系列措施。这样，就将体育产业作为推动国家重大战略实施的重要抓手。

（四）明确了支持政策

体育产业高质量发展需要各方共同努力，提供政策保障。这次《促进体育意见》回应热点，解决难点，打通堵点，提出了要深化全国性单项体育协会改革，完善赛事服务机制，发挥政府资金引导带动作用等一批管用实招，这样就可以为社会力量进入体育行业降低成本，让体育企业能够轻装上阵。

二、《促进体育意见》为广大体育企业带来的利好

《促进体育意见》是国家体育总局经过大量的调研和听取省市基层单位，特别是企业的意见，和相关部门共同研究制定的。文件中针对体育企业在发展中存在的一些问题，提出了一些切实举措，目的是推动企业发展壮大。

（一）破解土地瓶颈难题

体育企业用地是一个老大难问题。国家体育总局在调研中发现，很多体育企业利用一些旧厂房、仓库用房等闲置建筑等修建了体育场所，由于在用地上和产权上没有明确，面临被拆除的风险。这次文件的制定就是针对这些问题，优化体育用地供给，因地制宜来建设体育场地设施，提出了一些具体举措，期望能在用地和产权政策上，对体育企业给予保证。

（二）《促进体育意见》强化了平台的支持

国家体育总局在调研中发现，体育企业融资难也是一个发展瓶颈。长期以来，国家一直没有国字号的体育产业发展基金，特别是对于体育领域的中小微企业缺乏融资支持，所以文件中提到研究设立由政府出资引导、社会资本参与的中国体育产业投资基金。这对企业是一个直接利好。

（三）促进解决中小微体育企业“融资难”

在促进企业贷款融资上，大家知道融资难、融资贵，特别是中小微企业、民营企业难度更大。《促进体育意见》提出，要建立企业的无形资产评估标准，开展体育企业应收账款等质押贷款创新等政策，期望有利于解决中小微体育企业融资难问题。

（四）解决安保难题

安保问题是一个关键问题，是影响竞赛表演企业办赛成本高的关键因素之一，大家比较关注。赛事举办，需要保证一定的比例的空座数用于安全保障。这个比例的高低影响了卖票的比例，同时也决定成本高低。这个问题经国家体育总局与公安部门沟通，公安部门非常支持。《促进体育意见》制定以后，后续国家体育总局将和公安部细化落实出台具体举措，把赛事安保标准化，利用现代科技网络信息化手段，提高办事效率，切实降低办赛成本。这一点也有所突破。

整体来说，《促进体育意见》针对体育企业发展当中经常遇到的老大难问题和瓶颈痛点难点问题，采取了直接对应的政策措施。

三、国家发展改革委员会在落实《促进体育意见》的目标和任务方面的具体举措

体育产业是幸福产业、朝阳产业、绿色产业，也是一个充满了希望的产业，它的发展不仅有利于推动健康中国的建设，提升人民的幸福感和获得感，

而且对于推动消费升级、促进形成强大的国内市场具有非常重要的意义。国家发展改革委员会作为宏观调控和协调部门，一直以来高度重视体育产业的发展，下一步，国家发展改革委员会将从以下几个方面抓好《促进体育意见》的贯彻落实：

（一）从规划上加强引领，做好顶层谋划

目前，国家发展改革委员会正在开展“十四五”规划重大问题的前期研究，面向“两个一百年”的奋斗目标，研判全民健身和体育消费发展的大趋势，积极推动将全民健身、体育产业发展等内容纳入“十四五”国民经济和社会发展规划。

（二）从战略上做好对接

推动体育产业的发展要对接大战略，在健康中国建设、区域协调发展以及共建“一带一路”中发挥积极作用。比如，我们将引导在京的全国性体育组织落户雄安新区，支持举办以“一带一路”沿线国家为重点的马拉松、自行车、帆船、汽车拉力赛等系列体育赛事，助力“一带一路”的建设。

（三）从投资上加大力度

组织实施全民健身提升工程，开展全国社会足球场地设施建设专项行动，安排中央预算内投资支持全民健身和体育产业的基础设施建设。同时通过一些创新的办法，比如通过发行社会领域的产业专项债券、公建民营等方式吸引更多社会力量进入。

（四）从项目上推动示范

国家发展改革委员会将与体育总局共同推动开展国家体育消费城市试点，遴选体育产业创新试验区，建设国家体育产业发展协同创新中心，稳步推进运动休闲特色小镇建设，在京津冀、长三角、粤港澳、海南等区域推出一批精品体育赛事。

（五）从政策上狠抓落实

国家发展改革委员会将与国家体育总局做好《促进体育意见》的贯彻落实和跟踪督促，履行好国务院全民健身部际联席会议成员单位的职责，督促各地执行好价格、消费、税收等优惠政策，为社会力量参与体育产业发展降成本，为人民群众参与全民健身增便利。

国务院

关于加强和规范事中事后监管的指导意见

2019 年 9 月 6 日　　国发〔2019〕18 号

各省、自治区、直辖市人民政府，国务院各部委、各直属机构：

为深刻转变政府职能，深化简政放权、放管结合、优化服务改革，进一步加强和规范事中事后监管，以公正监管促进公平竞争，加快打造市场化法治化国际化营商环境，提出以下意见。

一、总体要求

（一）指导思想。以习近平新时代中国特色社会主义思想为指导，全面贯彻党的十九大和十九届二中、三中全会精神，牢固树立新发展理念，充分发挥市场在资源配置中的决定性作用，更好发挥政府作用，持续深化“放管服”改革，坚持放管结合、并重，把更多行政资源从事前审批转到加强事中事后监管上来，落实监管责任，健全监管规则，创新监管方式，加快构建权责明确、公平公正、公开透明、简约高效的事中事后监管体系，形成市场自律、政府监管、社会监督互为支撑的协同监管格局，切实管出公平、管出效率、管出活力，促进提高市场主体竞争力和市场效率，推动经济社会持续健康发展。

（二）基本原则。

依法监管。坚持权责法定、依法行政，法定职责必须为，法无授权不可为，严格按照法律法规规定履行监管责任，规范监管行为，推进事中事后监管法治化、制度化、规范化。

公平公正。对各类市场主体一视同仁，坚决破除妨碍公平竞争的体制机制障碍，依法保护各类市场主体合法权益，确保权利公平、机会公平、规则公平。

公开透明。坚持以公开为常态、不公开为例外，全面推进政府监管规则、标准、过程、结果等依法公开，让监管执法在阳光下运行，给市场主体以稳定预期。

分级分类。根据不同领域特点和风险程度，区分一般领域和可能造成严重不良后果、涉及安全的重要领域，分别确定监管内容、方式和频次，提升事中事后监管精准化水平。对新兴产业实施包容审慎监管，促进新动能发展壮大。

科学高效。充分发挥现代科技手段在事中事后监管中的作用，依托互联网、大数据、物联网、云计算、人工智能、区块链等新技术推动监管创新，努力做到监管效能最大化、监管成本最优化、对市场主体干扰最小化。

寓管于服。推进政府监管与服务相互结合、相互促进，坚持行“简约”之道，做到程序、要件等删繁就简、利企便民，营造良好发展环境，增强人民群众幸福感、获得感和安全感。

二、夯实监管责任

（三）明确监管对象和范围。要严格按照法律法规和“三定”规定明确的监管职责和监管事项，依法对市场主体进行监管，做到监管全覆盖，杜绝监管盲区和真空。除法律法规另有规定外，各部门对负责审批或指导实施的行政许可事项，负责事中事后监管；实行相对集中行政许可权改革的，要加强审管衔接，把监管责任落到实处，确保事有人管、责有人负；对已经取消审批但仍需政府监管的事项，主管部门负责事中事后监管；对下放审批权的事项，要同时调整监管层级，确保审批监管权责统一；对审批改为备案的事项，主管部门要加强核查，对未经备案从事相关经营活动的市场主体依法予以查处；对没有专门执法力量的行业和领域，审批或主管部门可通过委托执法、联合执法等方式，会同相关综合执法部门查处违法违规行为，相关综合执法部门要积极予以支持。

（四）厘清监管事权。各部门要充分发挥在规则和标准制定、风险研判、统筹协调等方面的作用，指导本系统开展事中事后监管。对涉及面广、较为重大复杂的监管领域和监管事项，主责部门要发挥牵头作用，相关部门要协同配合，建立健全工作协调机制。省级人民政府要统筹制定本行政区域内监管计划任务，指导和督促省级部门、市县级人民政府加强和规范监管执法；垂直管理部门要统筹制定本系统监管计划任务，并加强与属地政府的协同配合。市县级人民政府要把主要精力放在加强公正监管上，维护良好的市场秩序。

三、健全监管规则和标准

（五）健全制度化监管规则。各部门要围绕服务企业发展，分领域制订全国统一、简明易行的监管规则和标准，并向社会公开，以科学合理的规则标准提升监管有效性，降低遵从和执法成本。对边界模糊、执行弹性大的监管规则和标准，要抓紧清理规范和修订完善。要结合权责清单编制，在国家“互联网 + 监管”系统监管事项目录清单基础上，全面梳理各级政府和部门职责范围内的监管事项，明确监管主体、监管对象、监管措施、设定依据、处理方式等内容，纳入国家“互联网 + 监管”系统统一管理并动态更新，提升监管规范化、标准化水平。强化竞争政策的基础性地位，落实并完善公平竞争审查制度，加快清理妨碍全国统一市场和公平竞争的各种规定和做法。

（六）加强标准体系建设。加快建立完善各领域国家标准和行业标准，明确市场主体应当执行的管理标准、技术标准、安全标准、产品标准，严格依照标准开展监管。精简整合强制性标准，重点加强安全、卫生、节能、环保等领域的标准建设，优化强制性标准底线。鼓励企业、社会团体制定高于强制性标准的标准，开展标准自我声明公开并承诺执行落实，推动有关产品、技术、质量、服务等标准与国际接轨互认。适应新经济新技术发展趋势，及时修订调整已有标准，加快新产业新业态标准的研究制定。加强质量认证体系建设，对涉及安全、健康、环保等方面的产品依法实施强制性认证。

四、创新和完善监管方式

（七）深入推进“互联网 + 监管”。依托国家“互联网 + 监管”系统，联通汇聚全国信用信息共享平台、国家企业信用信息公示系统等重要监管平台数据，以及各级政府部门、社会投诉举报、第三方平台等数据，加强监管信息归集共享，将政府履职过程中形成的行政检查、行政处罚、行政强制等信息以及司法判决、违法失信、抽查抽检等信息进行关联整合，并归集到相关市场主体名下。充分运用大数据等技术，加强对风险的跟踪预警。探索推行以远程监管、移动监管、预警防控为特征的非现场监管，提升监管精准化、智能化水平。

（八）提升信用监管效能。以统一社会信用代码为标识，依法依规建立权威、统一、可查询的市场主体信用记录。大力推行信用承诺制度，将信用承诺履行情况纳入信用记录。推进信用分级分类监管，依据企业信用情况，在监管方式、抽查比例和频次等方面采取差异化措施。规范认定并设立市场主体信用“黑名单”，建立企业信用与自然人信用挂钩机制，强化跨行业、跨领域、跨部门失信联合惩戒，对失信主体在行业准入、项目审批、获得信贷、发票领用、出口退税、出入境、高消费等方面依法予以限制。建立健全信用修复、异议申诉等机制。在保护涉及公共安全、国家秘密、商业秘密和个人隐私等信息的前提下，依法公开在行政管理中掌握的信用信息，为社会公众提供便捷高效的信用查询服务。

（九）全面实施“双随机、一公开”监管。在市场监管领域全面实行随机抽取检查对象、随机选派执法检查人员、抽查情况及查处结果及时向社会公开，除特殊行业、重点领域外，原则上所有日常涉企行政检查都应通过“双随机、一公开”的方式进行。不断完善“双随机、一公开”监管相关配套制度和工作机制，健全跨部门随机抽查事项清单，将更多事项纳入跨部门联合抽查范围。将随机抽查的比例频次、被抽查概率与抽查对象的信用等级、风险程度挂钩，对有不良信用记录、风险高的要加大抽查力度，对信用较好、风险较低的可适当减少抽查。抽查结果要分别通过国家企业信用信息公示系统、“信用中国”网站、国家“互联网＋监管”系统等全面进行公示。

（十）对重点领域实行重点监管。对直接涉及公共安全和人民群众生命健康等特殊重点领域，依法依规实行全覆盖的重点监管，强化全过程质量管理，加强安全生产监管执法，严格落实生产、经营、使用、检测、监管等各环节质量和安全责任，守住质量和安全底线。对食品、药品、医疗器械、特种设备等重点产品，建立健全以产品编码管理为手段的追溯体系，形成来源可查、去向可追、责任可究的信息链条。地方各级政府可根据区域和行业风险特点，探索建立重点监管清单制度，严格控制重点监管事项数量，规范重点监管程序，并筛选确定重点监管的生产经营单位，实行跟踪监管、直接指导。

（十一）落实和完善包容审慎监管。对新技术、新产业、新业态、新模式，要按照鼓励创新原则，留足发展空间，同时坚守质量和安全底线，严禁简单封杀或放任不管。加强对新生事物发展规律研究，分类量身定制监管规则和标准。对看得准、有发展前景的，要引导其健康规范发展；对一时看不准的，设置一定的“观察期”，对出现的问题及时引导或处置；对潜在风险大、可能造成严重不良后果的，严格监管；对非法经营的，坚决依法予以查处。推进线上线下一体化监管，统一执法标准和尺度。

（十二）依法开展案件查办。对监管中发现的违法违规问题，综合运用行政强制、行政处罚、联合惩戒、移送司法机关处理等手段，依法进行惩处。对情节轻微、负面影响较小的苗头性问题，在坚持依法行政的同时，主要采取约谈、警告、责令改正等措施，及时予以纠正。对情节和后果严重的，要依法责令下架召回、停工停产或撤销吊销相关证照，涉及犯罪的要及时移送司法机关处理。建立完善违法严惩制度、惩罚性赔偿和巨额罚款制度、终身禁入机制，让严重违法者付出高昂成本。

五、构建协同监管格局

（十三）加强政府协同监管。加快转变传统监管方式，打破条块分割，打通准入、生产、流通、消费等监管环节，建立健全跨部门、跨区域执法联动响应和协作机制，实现违法线索互联、监管标准互通、处理结果互认。深化市场监管、生态环境保护、交通运输、农业、文化市场综合行政执法改革，在其他具备条件的领域也要积极推进综合行政执法改革，统筹配置行政处罚职能和执法资源，相对集中行政处罚权，整合精简执法队伍，推进行政执法权限和力量向基层乡镇街道延伸下沉，逐步实现基层一支队伍管执法，解决多头多层重复执法问题。

（十四）强化市场主体责任。建立完善市场主体首负责任制，促使市场主体在安全生产、质量管理、营销宣传、售后服务、诚信纳税等方面加强自我监督、履行法定义务。督促涉及公众健康和安全等的企业建立完善内控和风险防范机制，落实专人负责，强化员工安全教育，加强内部安全检查。规范企业信息披露，进一步加强年报公示，推行“自我声明+信用管理”模式，推动企业开展标准自我声明和服务质量公开承诺。加快建立产品质量安全事故强制报告制度，切实保障公众知情权。

（十五）提升行业自治水平。推动行业协会商会建立健全行业经营自律规范、自律公约和职业道德准则，规范会员行为。鼓励行业协会商会参与制定国家标准、行业规划和政策法规，制定发布行业产品和服务标准。发挥行业协会商会在权益保护、纠纷处理、行业信用建设和信用监管等方面的作用，支持行业协会商会开展或参与公益诉讼、专业调解工作。规范行业协会商会收费、评奖、认证等行为。

（十六）发挥社会监督作用。建立“吹哨人”、内部举报人等制度，对举报严重违法违规行为和重大风险隐患的有功人员予以重奖和严格保护。畅通群众监督渠道，整合优化政府投诉举报平台功能，力争做到“一号响应”。依法规范牟利性“打假”和索赔行为。培育信用服务机构，鼓励开展信用评级和第三方评估。发挥会计、法律、资产评估、认证检验检测、公证、仲裁、税务等专业机构的监督作用，在监管执法中更多参考专业意见。强化舆论监督，持续曝光典型案件，震慑违法行为。

六、提升监管规范性和透明度

（十七）规范涉企行政检查和处罚。对涉企现场检查事项进行全面梳理论证，通过取消、整合、转为非现场检查等方式，压减重复或不必要的检查事项，着力解决涉企现场检查事项多、频次高、随意检查等问题。清理规范行政处罚事项，对重复处罚、标准不一、上位法已作调整的事项及时进行精简和规范。加强行政执法事项目录管理，从源头上减少不必要的执法事项。健全行政执法自由裁量基准制度，合理确定裁量范围、种类和幅度，严格限定裁量权的行使。禁止将罚没收入与行政执法机关利益挂钩。

（十八）全面推进监管执法公开。聚焦行政执法的源头、过程、结果等关键环节，严格落实行政执法公示、执法全过程记录、重大执法决定法制审核制度。建立统一的执法信息公示平台，按照“谁执法谁公示”原则，除涉及国家秘密、商业秘密、个人隐私等依法不予公开的信息外，行政执法职责、依据、程序、结果等都应对社会公开。对行政执法的启动、调查取证、审核决定、送达执行等全过程进行记录，做到全程留痕和可回溯管理。重大行政执法决定必须经过法制审核，未经法制审核或审核未通过的，不得作出决定。

（十九）健全尽职免责、失职问责办法。全面落实行政执法责任制和问责制，促进监管执法部门和工作人员履职尽责、廉洁自律、公平公正执法。对忠于职守、履职尽责的，要给予表扬和鼓励；对未履行、不当履行或违法履行监管职责的，严肃追责问责；涉嫌犯罪的，移送有关机关依法处理。加快完善各监管执法领域尽职免责办法，明确履职标准和评判界线，对严格依据法律法规履行监管职责、监管对象出现问题的，应结合动机态度、客观条件、程序方法、性质程度、后果影响以及挽回损失等情况进行综合分析，符合条件的要予以免责。

七、强化组织保障

（二十）认真抓好责任落实。各地区、各部门要认真贯彻落实党中央、国务院决策部署，按照本意见提出的各项措施和要求，落实和强化监管责任，科学配置监管资源，鼓励基层探索创新，细化实化监管措施，切实维护公平竞争秩序。将地方政府公正监管水平纳入中国营商环境评价指标体系。国务院办公厅负责对本意见落实工作的跟踪督促，确保各项任务和措施落实到位。

（二十一）加强法治保障。按照重大改革于法有据的要求，根据监管工作需要和经济社会发展变化，加快推进相关法律法规和规章立改废释工作，为事中事后监管提供健全的法治保障。加强监管执法与司法的衔接，建立监管部门、公安机关、检察机关间案情通报机制，完善案件移送标准和程序。

（二十二）加强监管能力建设。加快建设高素质、职业化、专业化的监管执法队伍，扎实做好技能提升工作，大力培养“一专多能”的监管执法人员。推进人财物等监管资源向基层下沉，保障基层经费和装备投入。推进执法装备标准化建设，提高现代科技手段在执法办案中的应用水平。

[司法解释、司法指导性文件与解读]

最高人民法院

关于内地与香港特别行政区法院就仲裁程序相互协助保全的安排

（2019年4月2日）

根据《中华人民共和国香港特别行政区基本法》第九十五条的规定，最高人民法院与香港特别行政区政府经协商，现就内地与香港特别行政区法院关于仲裁程序相互协助保全作出如下安排：

第一条 本安排所称“保全”，在内地包括财产保全、证据保全、行为保全；在香港特别行政区包括强制令以及其他临时措施，以在争议得以裁决之前维持现状或者恢复原状、采取行动防止目前或者即将对仲裁程序发生的危害或者损害，或者不采取可能造成这种危害或者损害的行动、保全资产或者保全对解决争议可能具有相关性和重要性的证据。

第二条 本安排所称“香港仲裁程序”，应当以香港特别行政区为仲裁地，并且由以下机构或者常设办事处管理：

（一）在香港特别行政区设立或者总部设于香港特别行政区，并以香港特别行政区为主要管理地的仲裁机构；

（二）中华人民共和国加入的政府间国际组织在香港特别行政区设立的争议解决机构或者常设办事处；

（三）其他仲裁机构在香港特别行政区设立的争议解决机构或者常设办事处，且该争议解决机构或者常设办事处满足香港特别行政区政府订立的有关仲裁案件宗数以及标的金额等标准。

以上机构或者常设办事处的名单由香港特别行政区政府向最高人民法院提供，并经双方确认。

第三条 香港仲裁程序的当事人，在仲裁裁决作出前，可以参照《中华人民共和国民事诉讼法》《中华人民共和国仲裁法》以及相关司法解释的规定，向被申请人住所地、财产所在地或者证据所在地的内地中级人民法院申请保全。被申请人住所地、财产所在地或者证据所在地在不同人民法院辖区的，应当选择向其中一个人民法院提出申请，不得分别向两个或者两个以上人民法院提出申请。

当事人在有关机构或者常设办事处受理仲裁申请后提出保全申请的，应当由该机构或者常设办事处转递其申请。

在有关机构或者常设办事处受理仲裁申请前提出保全申请，内地人民法院采取保全措施后三十日内未收到有关机构或者常设办事处提交的已受理仲裁案件的证明函件的，内地人民法院应当解除保全。

第四条 向内地人民法院申请保全的，应当提交下列材料：

（一）保全申请书；

（二）仲裁协议；

（三）身份证明材料：申请人为自然人的，应当提交身份证件复印件；申请人为法人或者非法人组织的，应当提交注册登记证书的复印件以及法定代表人或者负责人的身份证件复印件；

（四）在有关机构或者常设办事处受理仲裁案件后申请保全的，应当提交包含主要仲裁请求和所根据的事实与理由的仲裁申请文件以及相关证据材料、该机构或者常设办事处出具的已受理有关仲裁案件的证明函件；

（五）内地人民法院要求的其他材料。

身份证明材料系在内地以外形成的，应当依据内地相关法律规定办理证明手续。

向内地人民法院提交的文件没有中文文本的，应当提交准确的中文译本。

第五条 保全申请书应当载明下列事项：

（一）当事人的基本情况：当事人为自然人的，包括姓名、住所、身份证件信息、通讯方式等；当事人为法人或者非法人组织的，包括法人或者非法人组织的名称、住所以及法定代表人或者主要负责人的姓名、职务、住所、身份证件信息、通讯方式等；

（二）请求事项，包括申请保全财产的数额、申请行为保全的内容和期限等；

（三）请求所依据的事实、理由和相关证据，包括关于情况紧急，如不立即保全将会使申请人合法权益受到难以弥补的损害或者将使仲裁裁决难以执行的说明等；

（四）申请保全的财产、证据的明确信息或者具体线索；

（五）用于提供担保的内地财产信息或者资信证明；

（六）是否已在其他法院、有关机构或者常设办事处提出本安排所规定的申请和申请情况；

（七）其他需要载明的事项。

第六条 内地仲裁机构管理的仲裁程序的当事人，在仲裁裁决作出前，可以依据香港特别行政区《仲裁条例》《高等法院条例》，向香港特别行政区高等法院申请保全。

第七条 向香港特别行政区法院申请保全的，应当依据香港特别行政区相关法律规定，提交申请、支持申请的誓章、附同的证物、论点纲要以及法庭命令的草拟本，并应当载明下列事项：

（一）当事人的基本情况：当事人为自然人的，包括姓名、地址；当事人为法人或者非法人组织的，包括法人或者非法人组织的名称、地址以及法定代表人或者主要负责人的姓名、职务、通讯方式等；

（二）申请的事项和理由；

（三）申请标的所在地以及情况；

（四）被申请人就申请作出或者可能作出的回应以及说法；

（五）可能会导致法庭不批准所寻求的保全，或者不在单方面申请的情况下批准该保全的事实；

（六）申请人向香港特别行政区法院作出的承诺；

（七）其他需要载明的事项。

第八条 被请求方法院应当尽快审查当事人的保全申请。内地人民法院可以要求申请人提供担保等，香港特别行政区法院可以要求申请人作出承诺、就费用提供保证等。

经审查，当事人的保全申请符合被请求方法律规定的，被请求方法院应当作出保全裁定或者命令等。

第九条 当事人对被请求方法院的裁定或者命令等不服的，按被请求方相关法律规定处理。

第十条 当事人申请保全的，应当依据被请求方有关诉讼收费的法律和规定交纳费用。

第十一条 本安排不减损内地和香港特别行政区的仲裁机构、仲裁庭、当事人依据对方法律享有的权利。

第十二条 本安排在执行过程中遇有问题或者需要修改的，由最高人民法院和香港特别行政区政府协商解决。

第十三条 本安排在最高人民法院发布司法解释和香港特别行政区完成有关程序后，由双方公布生效日期。

本安排于二零一九年四月二日在香港特别行政区签署，一式两份。

解读——

《关于内地与香港特别行政区法院就仲裁程序相互协助保全的安排》

姜启波　周加海　司艳丽　刘　琨*

2019 年 3 月 25 日，最高人民法院审判委员会第 1763 次全体会议讨论并通过了《关于内地与香港特别行政区法院就仲裁程序相互协助保全的安排》（以下简称《仲裁保全安排》）。2019 年 4 月 2 日，最高人民法院副院长杨万明和香港特别行政区政府律政司司长郑若骅分别代表两地在香港签署《仲裁保全安排》。经双方协商，《仲裁保全安排》拟于 2019 年 10 月 1 日在两地同时生效，且在内地将以司法解释的形式发布。这是自香港回归祖国以来，内地与香港商签的第七项司法协助安排，也是内地与其他法域签署的第一份有关仲裁保

* 作者单位：最高人民法院。

全协助的文件，标志着两地在“一国两制”方针下实现了更加紧密的司法协助。

一、《仲裁保全安排》的商签背景

第一，“一国两制”方针和香港基本法为两地开展司法协助安排商签提供了基本依据。香港基本法第九十五条规定，香港特别行政区可与全国其他地区的司法机关通过协商依法进行司法方面的联系和相互提供协助，这为最高人民法院与香港特别行政区政府律政司商签有关司法协助安排提供了法律依据。香港回归以来，最高人民法院已与香港有关方面签署了六项民商事司法协助安排，涵盖相互委托送达司法文书、相互委托提取证据、相互执行仲裁裁决、相互认可和执行民商事案件判决等内容，基本实现了民商事司法协助安排的全面覆盖，为降低诉讼成本、减少当事人诉累、提高审判质效切实发挥了重要作用。《仲裁保全安排》系两地在民商事领域的第七项司法协助安排，也是在司法领域落实“一国两制”方针的重要举措。

第二，两地社会经济发展对仲裁程序相互协助保全提出了现实需求。当前，内地与香港、澳门特别行政区正携手推进粤港澳大湾区建设，粤港澳大湾区“一国两制三法域”的独特性决定了大湾区建设过程中互涉法律纠纷不可避免、区际法律冲突客观存在，区际司法协助亟需加强，包括加强仲裁裁决的相互认可和执行以及仲裁保全相互协助。签署于1999年的《关于内地与香港特别行政区相互执行仲裁裁决的安排》（以下简称《仲裁裁决执行安排》）解决了两地仲裁裁决相互认可和执行问题，且运行情况良好，为促进仲裁裁决异地流通、支持香港建设亚太区国际法律及争议解决服务中心发挥了重要作用，但其系针对两地终局性仲裁裁决相互执行的制度性安排，不包括仲裁过程中的保全协助。经研究认为，开展仲裁保全协助，有利于通过预防性救济措施的完善来保障终局性仲裁裁决的顺利执行，有利于更加充分地发挥仲裁在多元化纠纷解决机制中的重要作用，也有利于为香港建设亚太区国际法律及争议解决服务中心提供更大支持。

第三，“一国”原则和两地司法法律界的合作为两地实现更紧密协助创造了有利条件。根据香港特别行政区《仲裁条例》《高等法院条例》，香港可以对包括内地在内的域外仲裁提供保全协助；而内地目前没有关于仲裁保全协助的相关法律规定。经研究，在不违反现有法律规定的前提下，为更大力度支持香港建设亚太区国际法律及争议解决服务中心，最高人民法院决定启动《仲裁保全安排》的磋商，在“一国”之内，向香港提供比其他国家和地区更加紧密的协助。

二、《仲裁保全安排》的主要内容

《仲裁保全安排》共十一条，对两地相互协助保全的途径、可申请保全的范围、申请保全的程序以及保全申请审查处理等问题作出了明确规定。

（一）关于保全的类型

保全为大陆法系概念，临时措施为英美法系概念，实质都是为保障终局性仲裁裁决执行、维护当事人合法权益的预防性救济措施。《仲裁保全安排》统一表述为“保全”，并在第一条中根据两地法律对可申请保全的类型分别作出了规定。

1. 关于可向内地人民法院申请的保全。《中华人民共和国仲裁法》规定了财产保全、证据保全，《中华人民共和国民事诉讼法》2012 年修订时纳入了行为保全。《仲裁保全安排》旨在给予香港仲裁程序当事人与内地仲裁程序当事人相同权利，故将财产保全、证据保全、行为保全全部纳入。

2. 关于可向香港特别行政区法院申请的保全。保全在香港称为“临时措施”，即由香港特别行政区法院就在香港或者香港以外开展或者即将开展的仲裁程序作出临时措施，以便利仲裁程序进行、防止发生不可逆转的损害等。主要包括：要求当事人维持现状或恢复原状；采取行动防止目前或即将对仲裁程序发生的危害或损害，或不采取可能造成这种危害或损害的行动；提供保全资产；保全对解决争议具有相关性和重要性的证据；颁发强制令以禁制当事人移走或以其他方式处理资产、防止损坏或侵入行为；颁布命令指定财产接管人。例如，2017 年，在中国国际经济贸易仲裁委员会仲裁一起股权纠纷案件的过程中，当事人向香港特别行政区法院申请委任临时接管人并颁布禁制令以禁止被申请人转让股权，香港特别行政区法院作出 HCMP962/2017 号命令予以批准。

（二）关于“香港仲裁程序”的界定

第二条第一款对《仲裁保全安排》所称的“香港仲裁程序”作出界定，即必须同时符合两个条件：

1. 仲裁地在香港。此系确定“香港仲裁程序”的首要条件，也是香港特别行政区采纳的确认仲裁程序籍属的标准，也是《仲裁裁决执行安排》确认的标准。仲裁地在香港包括两种类型：一是当事人在仲裁条款中约定地点为香港；二是当事人没有约定时，仲裁庭根据其仲裁规则或者一定标准确定仲裁地为香港并记载于仲裁裁决中。

2. 仲裁程序由有关机构或者常设办事处管理。《仲裁保全安排》第二条第一款以列举方式对有关机构或者常设办事处的条件作出规定，具体名单由香港特别行政区政府确定并经最高人民法院确认。主要考虑是：相对于仲裁裁决执行方面的协助，仲裁保全协助属于中间措施的协助，为防止申请人滥用，给被申请人带来损失，宜持更加审慎的态度。按照第二条第二款规定，香港特别行政区政府律政司经过发布标准、接受申请并审查后，确定了符合本款规定的有关仲裁机构或者常设办事处名单，并已由最高人民法院和香港特别行政区政府律政司共同确认。目前包括香港国际仲裁中心、中国国际经济贸易仲裁委员会香港仲裁中心、国际商会国际仲裁院亚洲事务办公室、香港海事仲裁协会、华南（香港）国际仲裁院、一邦国际网上仲调中心。

此外，双方还达成共识，“香港仲裁程序”仅包括平等主体间的商事仲裁，不包括投资者与东道主国之间的投资仲裁。

（三）关于内地仲裁程序的界定

《仲裁保全安排》第六条将可向香港特别行政区法院申请仲裁保全的内地仲裁程序界定为内地仲裁机构管理的仲裁程序，而不论仲裁地是否在内地。主要考虑是：根据香港特别行政区《仲裁条例》《高等法院条例》，就香港以外已经开始或者尚未开始的仲裁程序，香港特别行政区法院均可依申请采取保全措施，而不问仲裁地在哪个法域。由内地仲裁机构管理的、仲裁地在境外的仲裁程序，当事人也可以向香港特别行政区法院申请保全。《仲裁保全安排》不应缩减内地仲裁机构的此项权能，故界定内地仲裁程序时，未对仲裁地作出限制。

（四）关于受理保全申请的管辖法院

1. 内地受理保全申请的法院。《仲裁保全安排》第三条第一款规定，内地的管辖法院为被申请人住所地、财产所在地或者证据所在地的内地中级人民法院。另外，采取仲裁保全的目的是保障终局性仲裁裁决的执行，故受理仲裁保全申请的法院应当与受理仲裁裁决执行申请案件的法院一致，以更好地发挥保全的作用。参考《仲裁裁决执行安排》《内地与香港特别行政区法院相互认可和执行民商事案件判决的安排》（以下简称《内地与香港民商事判决互认安排》）等，《仲裁保全安排》第三条还规定“被申请人住所地、财产所在地或者证据所在地在不同人民法院辖区的，应当选择向其中一个人民法院提出申请，不得分别向两个或者两个以上人民法院提出申请”。主要考虑是避免因向多个人民法院申请而产生超标的保全等情况。实践中，受理保全申请的法院应当依法审查当事人申请，特别是对当事人提出的关于本辖区以外财产或者证据的保全申请应当依法审查、及时采取保全措施，必要时可请财产或者证据所在地的法院提供协助。

2. 香港受理保全申请的法院。依据香港特别行政区《仲裁条例》《高等法院条例》，《仲裁保全安排》第六条规定香港的管辖法院为香港特别行政区高等法院，此与受理仲裁裁决执行申请的管辖法院一致。

（五）关于可申请保全的时间和程序

《仲裁保全安排》第三条第二款、第三款分别规定了在仲裁程序进行中和受理仲裁申请前向内地人民法院申请保全的程序。

1. 仲裁中申请保全的程序。《仲裁保全安排》第三条第二款规定了仲裁机构或者常设办事处的转递程序，相关程序参照了《中华人民共和国民事诉讼法》第二百七十二条的规定，即当事人申请仲裁保全的，应当通过仲裁机构或者办事处将申请材料提交人民法院。需要说明的是，考虑到香港有关仲裁机构或者常设办事处位于香港，如实践中都要求申请书以及转递函等由香港有关仲裁机构或者常设办事处向内地人民法院提交，将导致转递周期长，不符合保全的紧急性特点，无法充分发挥保全的作用。

应当允许香港仲裁程序的当事人，将保全申请书连同仲裁机构或者办事处的转递函自行提交给内地人民法院；内地人民法院可以根据香港特别行政区政府律政司提供的联系方式向相关仲裁机构或者办事处核实情况。

2. 仲裁前申请保全的程序。《仲裁保全安排》第三条第三款参照《中华人民共和国民事诉讼法》第一百零一条规定了仲裁前申请保全的程序。此外，《仲裁保全安排》还增加了关于证明函件的规定，即依据《仲裁保全安排》于有关机构或者常设办事处受理仲裁申请前申请保全的，在香港有关机构或者常设办事处受理仲裁申请后，应当由该机构或者常设办事处向内地人民法院出具相关证明函件。与上述“仲裁中申请保全的程序”一致，实践中，允许当事人自行将证明函提交给内地人民法院。本款进一步明确，三十日期限的计算以内地人民法院收到证明函件为准。这一期限包括当事人递交仲裁申请、有关机构或者常设办事处受理仲裁申请、该机构或者常设办事处出具证明函件并转递等几个环节，要求每个环节尽快进行。

依据《仲裁保全安排》第六条规定，内地仲裁机构管理的仲裁程序的当事人，向香港特别行政区法院申请的仲裁保全协助，既包括仲裁程序进行中的保全，也包括受理仲裁申请前的保全。

（六）关于应当提交的申请材料及相关内容

1. 向内地人民法院申请保全应当提交的材料及申请书内容。《仲裁保全安排》第四条第一款规定了香港仲裁程序的当事人向内地人民法院申请保全时提交的材料：(1) 保全申请书；(2) 仲裁协议，以方便内地人民法院判断当事人之间的基础法律关系，此为形式审查，并不判断仲裁协议的效力；(3) 身份证明材料；(4) 仲裁申请文件和有关证明函件；(5) 内地人民法院根据具体案情认为还需要提供的其他材料。第四条第二款循《内地与香港民商事判决互认安排》放宽了对“公证、认证”的要求，只有在内地以外形成的身份证明材料才需要进行公证、认证，且具体手续依照内地法律规定办理。

第五条规定了保全申请书应当载明的内容，包括：(1) 当事人的基本情况。(2) 请求事项，包括申请保全财产的数额、申请行为保全的内容和期限等。请求事项应当明确具体。(3) 请求所依据的事实、理由和相关证据，包括关于情况紧急，如不立即保全将会使申请人合法权益受到难以弥补的损害或者将使仲裁裁决难以执行的说明等，以方便审查是否确有保全必要。(4) 申请保全的财产、证据的明确信息或者具体线索。(5) 用于提供担保的内地财产信息或者资信证明。(6) 是否已在其他法院、有关机构或者常设办事处提出《仲裁保全安排》所规定的申请和申请情况。(7) 其他需要载明的事项。

2. 向香港特别行政区法院申请临时措施应当提交的材料及相关内容。《仲裁保全安排》第七条根据香港特别行政区法律列明了当事人向香港特别行政区法院申请保全应当提交的材料以及应当载明的内容。与内地不同，按照香港特别行政区相关法律规定，本条应当载明的内容写于不同材料中，并非只体现在申请书中（香港特别行政区政府律政司向最高人民法院提供了向香港特别行政区法院申请临时措施的参考文书样式，见2019年9月26日最高人民法院官网和最高人民法院官微相关报道）。

（七）关于保全申请的审查以及救济

《仲裁保全安排》第八条规定，法院审查保全申请，要求申请人提供何种担保或者作出承诺、保证，作出是否保全的裁定或者命令等，均依据被请求方法律进行。(1) 要求尽快审查。因保全具有紧迫性，如审查拖延将可能使保全失去意义。内地人民法院应当按照内地法律规定的期限进行审查并作出是否保全的裁定。例如，按照《中华人民共和国民事诉讼法》的规定，对仲裁前保全申请应当于四十八小时内作出裁定。香港特别行政区法律对审查期限没有明确规定，《仲裁保全安排》强调应当尽快审查并作出有关命令或者指示。(2) 向内地人民法院申请保全的，申请人应当根据内地法律以及司法解释规定提供担保；向香港特别行政区法院申请保全的，申请人应当根据香港特别行政区法律作出承诺及保证，包括对损害赔偿作出承诺，就被申请人的讼费及其他合理支出提供保证，申请仲裁前保全时承诺立刻申请仲裁等。

《仲裁保全安排》第九条规定当事人对裁定或者命令不服时，按被请求方有关法律规定处理，在内地，可以申请复议；在香港特别行政区，可以申请解除或者更改。

（八）《仲裁保全安排》的时间效力

除《仲裁保全安排》生效后开启的仲裁程序外，《仲裁保全安排》也适用于已经启动、尚未完结的仲裁程序。如仲裁程序于2019年10月1日之前开始，但尚未完结的，当事人可依据《仲裁保全安排》向内地人民法院或者香港特别行政区法院申请仲裁保全。

（九）关于《仲裁保全安排》与现有法律及司法解释的关系

1.《仲裁保全安排》与《仲裁裁决执行安排》的关系。一是两者规范调整的对象不同，《仲裁保全安排》针对仲裁裁决尚未作出时的协助事宜；《仲裁裁决执行安排》针对两地终局性仲裁裁决的相互认可和执行事宜。二是两者协助方式不同，依据《仲裁保全安排》，当事人向被请求方法院申请保全，由被请求方法院作出保全裁定或者命令；依据《仲裁裁决执行安排》，被请求方法院直接认可和执行对方法院的仲裁裁决。

需要说明的是，《仲裁保全安排》并不针对仲裁裁决作出后、向对方法院申请执行前的保全事宜。将来有望通过完善《仲裁裁决执行安排》对此类保全予以规定，司法实践中亦可根据案情采取此类保全。

2. 与两地现有法律的关系。《仲裁保全安排》不减损两地相关权利人根据对方法律已经享有的权利。内地仲裁机构、仲裁庭、当事人在《仲裁保全安排》生效施行前，依据香港特别行政区《仲裁条例》《高等法院条例》已享有的权利，不因《仲裁保全安排》而受减损。

最高人民法院研究室

关于行政机关申请法院强制执行行政处罚决定时效问题的答复

（2019年9月10日）

李光：

您好！《关于行政机关申请法院强制执行处罚（罚款）时效问题的咨询》收悉。您提出的“行政机关对违法相对人作出行政处罚（罚款）后，当事人不履行处罚决定，行政机关应该采取何种程序执行罚款，在什么时候可以申请法院强制执行”等问题，涉及非诉强制执行的依据、程序和申请期限等法律规定。经研究，答复如下：

非诉强制执行涉及行政强制和法院执行等重要法律程序，应严格遵守《中华人民共和国行政强制法》和《中华人民共和国行政诉讼法》等法律规定的条件、程序和期限。

关于非诉强制执行的依据。《中华人民共和国行政强制法》第十三条规定：“行政强制执行由法律设定。法律没有规定行政机关强制执行的，作出行政决定的行政机关应当申请人民法院强制执行”。《中华人民共和国行政诉讼法》第九十七条规定：“公民、法人或者其他组织对行政行为在法定期限内不提起诉讼又不履行的，行政机关可以申请人民法院强制执行，或者依法强制执行”。上述规定对公民、法人或其他组织不履行未提起过行政诉讼的行政行为，规定了两种强制执行途径。一是有法律、法规授权的行政机关可以依法强制执行；二是没有法律、法规授权的行政机关可在法定期限内申请人民法院强制执行。您咨询的内容，属于第二种情况。

关于非诉强制执行程序和申请期限。《中华人民共和国行政强制法》第五十三条规定，当事人在法定期限内不申请行政复议或者提起行政诉讼，又不履行行政决定的，没有行政强制执行权的行政机关可以自期限届满之日起三个月内，申请人民法院强制执行。2018 年《最高人民法院关于适用〈中华人民共和国行政诉讼法〉的解释》第一百五十六条规定："没有强制执行权的行政机关申请人民法院强制执行其行政行为，应当自被执行人的法定起诉期限届满之日起三个月内提出。逾期申请的，除有正当理由外，人民法院不予受理"。法律之所以规定了较长的申请期限，是考虑到非诉强制执行对行政相对人权益影响大，需要通过司法的执行审查或充分保障当事人救济权利的期限利益，以最大限度地防止行政强制权的滥用。

感谢您对人民法院执行工作的关心和支持！

最高人民法院执行局
关于追加被执行人是否立执行异议案审查的答复

（2019 年 8 月 29 日）

简单的快乐：

您好！《关于执行程序中被追被执行人是否应当作为执行异议立案审查的咨询》收悉。经研究，答复如下：

执行程序中追加被执行人属于执行审查类案件中执行异议案件的一种类型。《最高人民法院关于执行立案结案若干问题的意见》第九条是根据民事诉讼法的相关规定，对执行异议案件的类型予以明确，除了包括《中华人民共和国民事诉讼法》第二百二十五条、第二百二十七条规定的执行行为异议、案外人异议外，还包括管辖权异议、变更追加被执行人、债务人异议、不予执行仲裁裁决或者公证债权文书等。《最高人民法院关于人民法院办理执行异议和复议案件若干问题的规定》系对各种执行异议案件办理的规定，并非仅限于执行行为异议和案外人异议，如该司法解释第七条第二款系处理债务人异议的规定、第二十二条系处理某一情形下不予执行公证债权文书的规定。随后颁布施行的《最高人民法院关于民事执行中变更、追加当事人若干问题的规定》是处理民事执行中变更、追加当事人事宜的专门司法解释，以进一步弥补和完善民事诉讼法和原有司法解释对该部分内容规定的不足，特别是为了充分保障当事人的诉权，根据其他法律的相关规定，明确了当事人在某些情形下提起异议之诉的权利。因此，《最高人民法院关于人民法院办理执行异议和复议案件若干问题的规定》《最高人民法院关于民事执行中变更、追加当事人若干问题的规定》《最高人民法院关于执行立案结案若干问题的意见》之间，以及上述司法解释、规范性文件与《中华人民共和国民事诉讼法》之间，并不存在矛盾和冲突。追加被执行人依照最高人民法院《关于人民法院案件案号的若干规定》，以案件类型代字“执异”立案审查，符合法律、司法解释和规范性文件的相关规定，并不表示这类案件属于执行行为异议或者案外人异议案件。

感谢您对人民法院执行工作的关心和支持！

最高人民法院行政诉讼法司法解释理解与适用

（第三十条～第三十三条）

第三十条　行政机关的同一行政行为涉及两个以上利害关系人，其中一部分利害关系人对行政行为不服提起诉讼，人民法院应当通知没有起诉的其他利害关系人作为第三人参加诉讼。

与行政案件处理结果有利害关系的第三人，可以申请参加诉讼，或者由人民法院通知其参加诉讼。人民法院判决其承担义务或者减损其权益的第三人，有权提出上诉或者申请再审。

行政诉讼法第二十九条规定的第三人，因不能归责于本人的事由未参加诉讼，但有证据证明发生法律效力的判决、裁定、调解书损害其合法权益的，可以依照行政诉讼法第九十条的规定，自知道或者应当知道其合法权益受到损害之日起六个月内，向上一级人民法院申请再审。

【条文主旨】

本条是关于第三人参加诉讼的方式及在诉讼中的权利义务的规定。

【起草背景】

2014 年行政诉讼法有关行政诉讼第三人的规定发生了较大变化。除赋予第三人对一审裁判的上诉权之外，还明确了第三人确定的两个标准，即“同被诉行政行为有利害关系”和“同案件处理结果有利害关系”，由此使行政诉讼第三人制度进一步完善。本条对行政诉讼法第二十九条规定在吸收原司法解释的基础上，又作了配套的程序性规定。

1989 年行政诉讼法第二十七条对行政诉讼第三人作出了以下规定：“同提起诉讼的具体行政行为有利害关系的其他公民、法人或者其他组织，可以作为第三人申请参加诉讼，或者由人民法院通知参加诉讼。”该条规定涉及行政诉讼第三人的两个内容：（1）第三人的确定标准，第三人必须与被诉具体行政行为具有利害关系；（2）第三人参加诉讼的程序，即依申请参加与人民法院依职权通知参加两种情况。为配合立法对第三人规定的实施，2000 年最高人民法院发布实施的《若干解释》第二十四条对第三人制度作出进一步规定，明确行政机关的同一具体行政行为涉及两个以上利害关系人，其中一部分利害关系人对具体行政行为不服提起诉讼，人民法院应当通知没有起诉的其他利害关系人作为第三人参加诉讼，同时，增加规定“第三人有权提出与本案有关的诉讼主张，对人民法院的一审判决不服，有权提出上诉”。

对比行政诉讼法修正前后对行政诉讼第三人的规定，可以发现以下变化：一是将“同被诉具体行政行为有利害关系”的表述修改为“同被诉行政行为有利害关系但没有提起诉讼”；二是增加了“同案件处理结果有利害关系的”可以作为第三人的情况；三是吸收《若干解释》的规定，增加一款，规定“人民法院判决第三人承担义务或者减损第三人权益的，第三人有权依法提起上诉”。

本条对《若干解释》第二十四条进行了修改，将“具体行政行为”修改为“行政行为”，增加了与行政案件处理结果有利害关系的第三人参加诉讼的方式，增加了人民法院判决其承担义务或者减损其权益的第三人有权申请再审的规定，以及第三人因不能归责于本人的事由未参加诉讼，但有证据证明发生法律效力的判决、裁定、调解书损害其合法权益的，可以申请再审的规定。

【条文释义】

一、第三人参加诉讼的方式

关于民事诉讼的第三人，国内学术界一般引用民事诉讼法第五十六条之规定，即对当事人双方的诉讼标的有独立请求权的，为有独立请求权的第三人；对当事人双方的诉讼标的虽然没有独立请求权，但案件处理结果同他有法律上的利害关系的，为无独立请求权的第三人。行政诉讼没有采用民事诉讼中“有独立请求权”与“无独立请求权”的标准来区分第三人，而是采用“同被诉行政行为有利害关系”及“同案件处理结果有利害关系”的标准来区分第三人。

（一）同被诉行政行为有利害关系的第三人参加诉讼的方式

同被诉行政行为有利害关系的人，一般来说，就具有原告资格，可以以自己的名义提起行政诉讼。但如果同被诉行政行为有利害关系的人没有提起行政诉讼，而行政机关的同一行政行为涉及两个以上利害关系人，其中一部分利害关系人对行政行为不服提起诉讼，则此时行政行为的效力有可能发生变动。为了更好地查清案件事实，实现公正审判，也为了避免同一问题引起新的争议，做到案件事了，提高司法效率，人民法院应当通知没有起诉的其他利害关系人作为第三人参加诉讼。比如土地权属行政裁决案件中，人民政府裁决某块争议土地归甲村所有，与甲村发生争议的乙村不服提起行政诉讼，由于裁决行为客观上有利于甲村，因此，甲村对裁决行为不可能提起行政诉讼，只不过因为乙村已经就裁决提起行政诉讼，所以为维护甲村的合法权益，避免裁判结果对甲村不利，引起新的纠纷，就有必要通知甲村以第三人身份参加到诉讼中来。

（二）同案件处理结果有利害关系的第三人参加诉讼的方式

有些公民、法人或者其他组织虽然与被诉行政行为没有利害关系，但同案件的处理结果有利害关系，为维护自己的合法权益，可以作为第三人，参加到已开始的诉讼中来。例如，原农村土地承包经营户将其承包的土地流转给其他个人经营，农业部门或者乡镇政府干预，该原承包的农户可以向法院起诉，已取得土地经营权的个人可以作为第三人参加诉讼（与被诉行政行为有利害关系标准）。当原承包的农户将其承包的土地流转给其他个人经营，如果农业部门或者乡镇政府要求取得土地经营权的人统一种植某种农作物，经营权人不服，可以向法院起诉。由于农业部门或者乡镇政府并没有要求原承包的农户解除流转协议，原承包的农户不能对干预种植的行为提起诉讼，但法院如果判决取得土地经营权的人败诉，取得土地经营权的人可能要求解除土地流转协议。这时，原承包的农户可以作为第三人参加诉讼。由于此时原承包的农户只是同案件处理结果有利害关系，其无权通过起诉的方式参加诉讼，人民法院也非应当通知其参加诉讼，其仅能够依申请或者由人民法院通知其参加诉讼。

二、第三人在诉讼中的权利义务

（一）人民法院判决其承担义务或者减损其权益的第三人

行政诉讼法第二十九条第二款规定，人民法院判决第三人承担义务或者减损第三人权益的，第三人有权依法提起上诉。本解释在此规定的基础上进一步明确了第三人有申请再审的权利。

民事诉讼法第五十六条规定，人民法院判决承担民事责任的第三人，有当事人的诉讼权利义务。《民诉解释》第八十二条规定，在一审诉讼中，无独立请求权的第三人无权提出管辖异议，无权放弃、变更诉讼请求或者申请撤诉，被判决承担民事责任的，有权提起上诉。有别于民事诉讼中对“有独立请求权第三人”和“无独立请求权第三人”诉讼权利义务的不同规定，在行政诉讼中：其一，无论是“同被诉行政行为有利害关系”的第三人还是“同案件处理结果有利害关系”的第三人，只要人民法院判决其承担义务或者减损其权益的，其都可以提起上诉或者申请再审；其二，无论是“同被诉行政行为有利害关系”的第三人还是“同案件处理结果有利害关系”的第三人，其诉讼权利义务与当事人享有的诉讼权利义务均不同，仅规定其“有权提出上诉或者申请再审”。

要注意的是，虽然行政诉讼法中第三人享有的诉讼权利义务不同于当事人，但是第三人在诉讼中，有权了解原告起诉和被告答辩的事实和理由，并有权向人民法院递交陈述意见书，陈述自己对争议的意见。开庭审理时，人民法院应当用传票传唤其出庭，庭审中，可以陈述意见，提供证据，参加法庭辩论。

（二）因不能归责于本人的事由未参加诉讼，但有证据证明发生法律效力的判决、裁定、调解书损害其合法权益的第三人

2012年民事诉讼法规定了与再审诉讼相并列的一种新的特殊的救济诉讼程序——第三人撤销之诉制度。民事诉讼法第五十六条第三款规定，有独立请求权的第三人和无独立请求权的第三人，因不能归责于本人的事由未参加诉讼，但有证据证明发生法律效力的判决、裁定、调解书的部分或者全部内容错误，损害其民事权益的，可以自知道或者应当知道其民事权益受到损害之日起6个月内，向作出该判决、裁定、调解书的人民法院提起诉讼。人民法院经审理，诉讼请求成立的，应当改变或者撤销原判决、裁定、调解书；诉讼请求不成立的，驳回诉讼请求。根据上述规定，民事诉讼中第三人提起撤销之诉包括四个条件。（1）主体条件。能够提起撤销之诉的主体应当是第三人，即民事诉讼法第五十六条规定的有独立请求权的第三人和无独立请求权的第三人，将原案件的当事人和案外人排除在外。（2）程序条件。一是因不能归责于本人的事由未参加到诉讼。二是自知道或应当知道其民事权益受到损害之日起6个月。这里的6个月应当为除斥期间，不适用诉讼时效延长、中止、中断的规定。（3）实体条件。判决、裁定或者调解书已经产生法律效力，且上述文书已经有证据能证实存在部分或全部错误，该错误内容损害了第三人的民事权益。这里应当注意的是因第三人与生效案件具有法律上的利害关系，文书中存在的错误应当限于实体处理上的错误，对于程序问题不属于申请撤销的范畴。（4）管辖条件。第三人撤销之诉的管辖法院是作出生效法律文书的人民法院，属于民事诉讼中的专属管辖，不适用地域管辖和级别管辖的规定。

从上文分析可以看出，民事诉讼中的第三人撤销之诉并非再审程序，二者在受理案件的管辖法院、提出主体、当事人提出的理由、审限、审理程序、法律效力等多方面存在诸多不同。但在行政诉讼中，需要注意的是，本条司法解释规定并没有参照民事诉讼法中关于第三人撤销之诉的规定，而是采用的启动再审程序的规定（1）主体条件。能够申请再审的是行政诉讼法第二十九条规定的第三人，即与行政行为有利害关系的第三人和与案件处理结果有利害关系的第三人。（2）程序条件。第一，不能归责于本人的事由未参加诉讼；第二，自知道或者应当知道其合法权益受到损害之日起6个月内。（3）实体条件。有证据证明发生法律效力的判决、裁定、调解书损害其合法权益的。（4）管辖条件。可以依照行政诉讼法第九十条的规定，向上一级人民法院申请再审。

与第三人撤销之诉相较：第一，第三人只能申请再审，而不能提起新的行政诉讼；第二，第三人只能向上一级人民法院申请，而不能向作出该判决、裁定、调解书的人民法院申请；第三，第三人依照的是行政诉讼法第九十条，即当事人申请再审的规定；第四，第三人撤销之诉是一个新的诉讼程序，而行政诉讼中应当依照再审诉讼程序处理。

【实务指导】

一、关于第一审程序中未参加诉讼的第三人申请参加第二审程序的问题

对于第一审程序中未参加诉讼的第三人申请参加第二审程序的问题，一直存有争议。有人认为，在一审程序中没有作为第三人参加诉讼，在第二审程序中，不宜列为第三人，因为如果二审中作为第三人，则该第三人本是可以上诉的第三人，但由于其未参加一审，而二审直接终审，事实上剥夺了第三人的上诉权。但有人认为，《民诉解释》第八十一条第二款专门增加规定了未参加第一审程序的第三人申请参加第二审程序，人民法院可以准许的规定，因此行政诉讼法也应当参照。

我们认为，行政诉讼中对此问题可以分为两种情形。一是一审法院应当通知未通知，且属于必须参加诉讼的第三人。此种情形下二审法院则可以以一审程序违法为由，判决撤销一审判决，发回原审法院重新审理。但是，如果是可以调解的行政案件，二审法院也可以根据当事人的意愿进行调解，调解不成的，发回重审。二是一审中未申请参加诉讼，在二审中又申请参加的第三人。此种情形则又可分为三种具体情况。其一，一审法院判决其承担义务或者减损其权益的；其二，一审不涉及其利益，但是二审可能对其造成不利影响的；其三，一、二审均不涉及其利益，不会对其造成不利影响的。对于前两种情况，经人民法院审查，可以准许其参加诉讼。如果人民法院判决其承担义务或者减损其权益，则可以判决撤销一审判决，发回重审。如果是可以调解的行政案件，也可以根据当事人意愿调解，调解不成，发回重审。对于第三种情况，人民法院对其申请参加诉讼的申请，则可以不予准许。

二、何谓“不可归责于本人的事由”

虽然本条并没有采用民事诉讼中第三人撤销之诉的规定，但对本条中

“不能归责于本人的事由”的理解，可以参照《民诉解释》第二百五十九条所列举的情形，即：（1）不知道诉讼而未参加的；（2）申请参加未获准许的；（3）知道诉讼，但因客观原因无法参加的；（4）因其他不能归责于本人的事由未参加诉讼的。第三人应当对上述不可归责于自己的事由承担举证责任。

（周觅撰写）

第三十一条　当事人委托诉讼代理人，应当向人民法院提交由委托人签名或者盖章的授权委托书。委托书应当载明委托事项和具体权限。公民在特殊情况下无法书面委托的，也可以由他人代书，并由自己捺印等方式确认，人民法院应当核实并记录在卷；被诉行政机关或者其他有义务协助的机关拒绝人民法院向被限制人身自由的公民核实的，视为委托成立。当事人解除或者变更委托的，应当书面报告人民法院。

【条文主旨】

本条是关于当事人向人民法院提交授权委托书的规定。

【起草背景】

行政诉讼法第三十一条规定，当事人、法定代理人可以委托一至二人作为诉讼代理人。但行政诉讼法却没有当事人需要向人民法院提交授权委托书的规定。《若干解释》第二十五条规定，当事人委托诉讼代理人，应当向人民法院提交由委托人签名或者盖章的授权委托书。委托书应当载明委托事项和具体权限。公民在特殊情况下无法书面委托的，也可以口头委托。口头委托的，人民法院应当核实并记录在卷；被诉机关或者其他有义务协助的机关拒绝人民法院向被限制人身自由的公民核实的，视为委托成立。当事人解除或者变更委托的，应当书面报告人民法院，由人民法院通知其他当事人。本条是在保留《若干解释》第二十五条的基础上，取消了口头委托诉讼代理人和当事人解除或者变更委托由人民法院通知其他当事人的规定。

【条文释义】

一、委托代理的含义及特征

委托代理人，是根据诉讼当事人、法定代理人、诉讼代表人或法定代表人的授权委托，并以被代理人名义进行诉讼活动的人。与法定代理人不同，委托代理人具有如下主要特征：（1）必须以被代理人的名义进行诉讼活动，而不能以自己的名义进行诉讼；（2）必须有诉讼行为能力，没有诉讼行为能力的人，不能作为诉讼代理人；（3）代理事项和代理权限必须根据被代理人的授权，凡是超越代理事项或代理权限所实施的诉讼行为，都是无效诉讼行为；（4）诉讼代理的法律后果由被代理人承担；（5）在同一诉讼中，不能代理双方当事人。各国行政诉讼法一般均规定当事人得委托代理人为诉讼行为，有的国家甚至实行律师强制主义，例如德国“为了谋求诉讼的顺利进行，德国诉讼法规定，在地方法院以上的法院进行诉讼，必须委托律师进行”“当事人即使有诉讼能力，亦不得于法院为诉讼行为”。而我国并没有采取律师强制主义，行政诉讼法第三十一条第二款规定：“下列人员可以被委托为诉讼代理人：（一）律师、基层法律服务工作者；（二）当事人的近亲属或者工作人员；（三）当事人所在社区、单位以及有关社会团体推荐的公民。”

二、当事人委托诉讼代理人的方式

根据《若干解释》第二十五条规定，当事人委托诉讼代理人的方式主要有两种。第一种是书面委托。当事人委托诉讼代理人，应当向人民法院提交由委托人签名或者盖章的授权委托书。第二种是口头委托。公民在特殊情况下无法书面委托的，也可以口头委托。口头委托的，人民法院应当核实并记录在卷。被诉机关或者其他有义务协助的机关拒绝人民法院向被限制人身自由的公民核实的，视为委托成立。而本解释在规定当事人委托诉讼代理人方式的时候，取消了口头委托，取而代之的是“公民在特殊情况下无法书面委托的，也可以由他人代书，并由自己捺印等方式确认，人民法院应当核实并记录在卷”。需要特别注意两点。其一，本解释虽取消了口头委托的规定，但当事人依然可以口头起诉。行政诉讼法第五十条规定，书写起状确有困难的，可以口头起诉，由人民法院记入笔录，出具注明日期的书面凭证，并告知对方当事人。其二，我国《民诉解释》第八十九条规定，适用简易程序审理的案件，双方当事人同时到庭并径行开庭审理的，可以当场口头委托诉讼代理人，由人民法院记入笔录。但是本司法解释却无此规定，因此在行政诉讼中，即使根据行政诉讼法第八十二条适用简易程序审理的行政案件，当事人亦不能当场口头委托诉讼代理人。

三、当事人委托诉讼代理人的事项及权限

本司法解释规定，委托书应当载明委托事项和具体权限。但是应当如何载

明，却没有明确的规定。因此，行政诉讼中关于委托事项和具体权限的载明，可参照民事诉讼法的相关规定。民事诉讼法第四十九条规定，当事人有权委托代理人，提出回避申请，收集、提供证据，进行辩论，请求调解，提起上诉，申请执行。民事诉讼法第五十九条规定，委托他人代为诉讼，必须向人民法院提交由委托人签名或者盖章的授权委托书。授权委托书必须记明委托事项和权限。诉讼代理人代为承认、放弃、变更诉讼请求，进行和解，提起反诉或者上诉，必须有委托人的特别授权。因此，在委托代理中，根据代理人授权权限的不同，可以分为一般授权代理和特别授权代理两类。根据委托人授权，享有一般授权的代理人只能代理当事人行使其一般诉讼权利的代理，主要体现在程序方面。而特别授权代理中代理人除享有一般授权代理的诉讼权利外，其主要体现为对实体权利的处分。需要特别强调的是，对于特别授权，必须有明确的授权列举，否则代理人不能取得代理权限。《民诉解释》第八十九条规定，授权委托书仅写"全权代理"而无具体授权的，诉讼代理人无权代为承认、放弃、变更诉讼请求，进行和解，提出反诉或者提起上诉。《最高人民法院关于民事诉讼委托代理人在执行程序中的代理权限问题的批复》规定，如果当事人在授权委托书中没有写明代理人在执行程序中有代理权及具体的代理事项，代理人在执行程序中没有代理权，不能代理当事人直接领取或者处分标的物。

【实务指导】

一、诉讼代理人参加诉讼时除提交授权委托书外，还应当向人民法院提交相关证明材料

诉讼代理人参加诉讼时，除需向人民法院提交授权委托书外，还需提交一些证明其身份的相关材料。本司法解释仅对诉讼代理人需提交授权委托书有明确规定，但是对于诉讼代理人应当提交的相关证明材料并无细化规定。对于诉讼代理人参加行政诉讼时需提交的相关证明材料，可以参照《民诉解释》相关规定。《民诉解释》第八十八条规定："诉讼代理人除根据民事诉讼法第五十九条规定提交授权委托书外，还应当按照下列规定向人民法院提交相关材料：（一）律师应当提交律师执业证、律师事务所证明材料；（二）基层法律服务工作者应当提交法律服务工作者执业证、基层法律服务所出具的介绍信以及当事人一方位于本辖区内的证明材料；（三）当事人的近亲属应当提交身份证件和与委托人有近亲属关系的证明材料；（四）当事人的工作人员应当提交

身份证件和与当事人有合法劳动人事关系的证明材料；（五）当事人所在社区、单位推荐的公民应当提交身份证件、推荐材料和当事人属于该社区、单位的证明材料；（六）有关社会团体推荐的公民应当提交身份证件和符合本解释第八十七条规定条件的证明材料。”因此，委托代理人参加行政诉讼时，除需向人民法院提交授权委托书外，还需提交上述证明材料。

特别需要强调的是，根据《司法部关于基层法律服务工作者不能代理当事人任何一方均不在本辖区内的民事经济行政诉讼案件的批复》和《乡镇法律服务业务工作细则》第二十四条第四项的规定，当事人一方位于本辖区内，是基层法律服务工作者代理行政案件应当具备的条件之一。因此，基层法律服务工作者不能代理当事人任何一方均不在本辖区内的行政诉讼案件。

二、侨居在国外的我国公民以及在我国境内没有住所的外国人、无国籍人、外国企业和组织邮寄和托交授权委托书的问题

对于该问题，行政诉讼法及本司法解释均没有明确规定，但是随着涉外行政诉讼案件的增长，此问题在实践中也日渐凸显，可以参照民事诉讼法的相关规定来处理。

民事诉讼法第五十九条规定，侨居在国外的中华人民共和国公民从国外寄交或者托交的授权委托书，必须经中华人民共和国驻该国的使领馆证明；没有使领馆的，由与中华人民共和国有外交关系的第三国驻该国的使领馆证明，再转由中华人民共和国驻该第三国使领馆证明，或者由当地的爱国华侨团体证明。

民事诉讼法第二百六十四条关于外国当事人授权委托书的公证与认证的规定，主要是适用于在我国领域内没有住所的外国当事人。对于在我国领域内居住的外国人、无国籍人、外国企业和组织，其委托诉讼代理人的手续，与我国公民委托诉讼代理人的手续相同。但是，也必须向人民法院提交委托人签名或盖章的授权委托书，只是无需公证与认证手续。实践中，在理解外国当事人授权委托书的公证与认证时，需要重点把握：不在我国领域内居住的外国籍当事人委托中国律师或者其他诉讼代理人的，需要履行授权委托书的公证和认证程序。依照民事诉讼法的规定，在我国领域内没有住所的外国人、无国籍人、外国企业和组织，从我国领域外寄交或递交授权委托书的法定程序为：（1）经过该当事人所在国的公证机关证明授权委托书的真实性；（2）经过我国驻该

国使、领馆对该公证证明认证其合法性；（3）当事人所在国与我国订立的有关条约中有另外规定的证明手续的，应当按照条约的规定履行证明手续；（4）如果该当事人所在国与我国未建立外交关系，又不存在共同参加或缔结的国际条约的，授权委托书经所在国公证机关公证后，由驻该当事人所在国的其他同意为我国代办领事事项的第三国使、领馆认证，再经我国外交部或驻外使领馆对第三国的认证进行认证。只有符合上述确认程序寄来或递交的授权委托书，人民法院才予以接受。

（周觅撰写）

第三十二条　依照行政诉讼法第三十一条第二款第二项规定，与当事人有合法劳动人事关系的职工，可以当事人工作人员的名义作为诉讼代理人。以当事人的工作人员身份参加诉讼活动，应当提交以下证据之一加以证明：

（一）缴纳社会保险记录凭证；

（二）领取工资凭证；

（三）其他能够证明其为当事人工作人员身份的证据。

【条文主旨】

本条是关于以当事人工作人员的名义作为诉讼代理人参加诉讼的规定。

【起草背景】

本条是新增条款，是对行政诉讼法第三十一条第二款第二项规定的当事人的“工作人员”的解释。1989 年行政诉讼法第二十九条规定，律师、社会团体、提起诉讼的公民的近亲属或者所在单位推荐的人，以及经人民法院许可的其他公民，可以受委托为诉讼代理人。而行政诉讼法第三十一条，删除了“经人民法院许可的其他公民”可以受委托为诉讼代理人的内容，规定公民代理仅限于当事人的近亲属或者工作人员，当事人所在社区、单位以及有关社会团体推荐的公民。因此，根据行政诉讼法的规定，与当事人不存在劳动关系的“法律顾问”将不得再作为“公民代理”参与诉讼。对“公民代理”范围的限缩，在法律上将那些没有律师资格但以公民身份以营利为目的从事诉讼代理活动的“黑律师”“黑代理”隔离在了诉讼之外，对治理此类乱象起到了一定的积极作用。然而，一些“黑律师”“黑代理”往往会以“当事人工作人员”的身份去“合法”取得诉讼代理人的资格。

在实践中，对何谓当事人的“工作人员”理解并不一致。经常出现有一些当事人将本不属于其工作人员的公民，通过出具虚假的证明，在授权委托书中注明其为本单位工作人员，就得以委托该公民参加诉讼，从而规避了限制"公民代理"的规定。因此本司法解释规定，只有那些"与当事人有合法劳动人事关系的职工"才能够以当事人工作人员的名义作为诉讼代理人参加诉讼。

【条文释义】

本司法解释规定，与当事人有合法劳动人事关系的职工，可以当事人工作人员的名义作为诉讼代理人。因此，与当事人之间存在真实、持续的劳动关系（含人事、任用关系等）是公民作为"当事人工作人员"参与诉讼的基本前提。在证明其"工作人员"的身份时，除需提交当事人的授权委托书外，当事人的工作人员应当提交身份证件和与当事人有合法劳动人事关系的证明材料。但现实中，法院在审查"当事人的工作人员"是否具有诉讼代理人资格时，一般也只采取形式审查的方式，仅审查"工作人员"是否提供了其与当事人存在劳动关系的材料证明，而无法对这些书面材料的真实性予以审核，一些由当事人开具的书面工作说明甚至也可以成为该"工作人员"与当事人之间存在劳动关系的证明材料。因此，虽然与当事人不存在劳动关系的法律顾问、与当事人签订仅以特定诉讼活动为工作内容的劳动合同的人员等，不能作为"当事人的工作人员"被委托为诉讼代理人，但一些试图钻法律空子的"黑律师""黑代理"仍然可以与当事人签订固定期限劳动合同，以约定非诉讼活动的工作内容的合法形式来掩盖"公民代理"的非法目的，从而取得诉讼代理人资格。实践中对什么样的材料属于与当事人有合法劳动人事关系的证明材料，有不同的意见。一种意见认为与当事人有合法劳动人事关系的证明材料应当包括劳动合同、定期工作给付记录、领取工资花名册等材料，另一种意见认为当事人的工作人员出具当事人盖有公章的证明即可参加诉讼。由于这一问题争议较大，在实践中亟待明确，《第八次全国法院民事商事审判工作会议（民事部分）纪要》就涉及当事人工作人员参与诉讼的诉讼代理人资格问题规定：以当事人的工作人员身份参加诉讼活动，至少应当提交以下证据之一加以证明：（1）缴纳社保记录凭证；（2）领取工资凭证；（3）其他能够证明其为当事人工作人员身份的证据。本司法解释按照该会议纪要的精神，对此问题予以了规定。

【实务指导】

本条司法解释规定，以当事人的工作人员身份参加诉讼活动，应当提交以下证据之一加以证明：（1）缴纳社会保险记录凭证；（2）领取工资凭证；（3）其他能够证明其为当事人工作人员身份的证据。缴纳社会保险记录凭证以及领取工资凭证在实践操作中比较好掌握，需重点强调理解的是“其他能够证明其当事人工作人员身份的证据”。

1. 劳动合同。根据劳动合同法第七条、第十条的规定，用人单位自用工之日起即与劳动者建立劳动关系；建立劳动关系，应当订立书面劳动合同。因此，用人单位与个人签订劳动合同，以此确定劳动关系、明确双方的权利和义务，是劳动合同法的基本要求。故劳动合同应当是能够证明当事人工作人员身份的证据。但是，从建立劳动关系实质要件来讲，书面劳动合同亦并非判断劳动双方是否形成劳动关系的绝对标准，判断劳动关系是否建立的标准还应当从是否实际“用工”考量。在认定个人与单位之间是否存在劳动关系时，不仅应当审查劳动关系主体是否适格、是否有书面劳动合同，更应当审查双方当事人之间是否符合劳动关系的各种实质要件，即是否发生实际用工，劳动者接受用人单位的管理和指挥，从事用人单位安排的劳动，其提供的劳动是用人单位业务的组成部分，用人单位依照法律规定和合同约定向劳动者支付劳动报酬。故即便双方之间订立了劳动合同，但若未实际履行，双方就没有真正建立起劳动关系，不宜认定双方之间存在劳动关系。

2. 事实劳动关系的证明。自劳动合同法实施后，用人单位与劳动者劳动合同签订率大大提高。但一些用人单位出于规避法律风险、压缩用工成本、逃避缴纳社会保险费用等原因，在与劳动者实际发生了用工事实后，故意不与劳动者签订书面劳动合同，因此，实践中可能存在有些事实劳动关系的职工被当事人委托为诉讼代理人。与企业存在事实劳动关系的职工，也是与当事人有合法劳动关系的职工，根据本司法解释的规定，也可以当事人工作人员的名义作为诉讼代理人。由于是事实劳动关系，因此无法提供劳动合同，但根据《劳动和社会保障部关于确立劳动关系有关事项的通知》（劳社部发〔2005〕12号）规定，用人单位未与劳动者签订劳动合同，认定双方存在劳动关系时可参照下列凭证：（1）工资支付凭证或记录（职工工资发放花名册）、缴纳各项社会保险费的记录；（2）用人单位向劳动者发放的“工作证”“服务证”等能够证明身份的证件；（3）劳动者填写的用人单位招工招聘“登记表”“报名表”等招用记录；（4）考勤记录；（5）其他劳动者的证言等。因此，参照上述通知精神，与当事人有事实劳动关系的职工，如果能提供以上证明材料，也可以视为是“其他能够证明其当事人工作人员身份的证据”。

（周览撰写）

第三十三条　根据行政诉讼法第三十一条第二款第三项规定，有关社会团体推荐公民担任诉讼代理人的，应当符合下列条件：

（一）社会团体属于依法登记设立或者依法免予登记设立的非营利性法人组织；

（二）被代理人属于该社会团体的成员，或者当事人一方住所地位于该社会团体的活动地域；

（三）代理事务属于该社会团体章程载明的业务范围；

（四）被推荐的公民是该社会团体的负责人或者与该社会团体有合法劳动人事关系的工作人员。

专利代理人经中华全国专利代理人协会推荐，可以在专利行政案件中担任诉讼代理人。

【条文主旨】

本条是关于有关社会团体推荐公民担任诉讼代理人应当符合的条件的规定。

【起草背景】

本条是新增条款，是对行政诉讼法第三十一条第二款第三项规定的“社会团体”的解释。行政诉讼法第三十一条第二款第三项规定，当事人、法定代理人可以委托“有关社会团体推荐的公民”作为诉讼代理人。但是，这条规定却没有限制，有关社会团体推荐公民作为诉讼代理人的，是否需要明确该社会团体、被推荐公民、代理事务之间应当具有特定的联系？行政审判实务中，因对有关社会团体所推荐公民作为行政诉讼代理人的范围理解不同，各地法院采取的做法也不尽一致，亟待规范。一种观点认为，社会团体可以推荐任何公民作为诉讼代理人，不论这个公民来自何方。另一种观点认为，从有利于保障当事人诉讼权利行使，规范法律服务市场，提高诉讼效率出发，应当对社会团体推荐公民作为诉讼代理人参加诉讼的条件作出限制性规定。本司法解释采纳了第二种观点，理由为行政诉讼法第三十一条删除了“经人民法院许可的其他公民”可以受委托为诉讼代理人的内容。取消公民代理的原因，立法机关在审议法律草案时列举了很多。其一，有些公民未经法律培训和国家司法考试，以营利为目的从事诉讼代理活动，违反了法律规定公民代理的目的，有的甚至冒充律师违法代理案件，扰乱了法律服务市场。其二，多数公民代理人法律专业知识匮乏，诉讼代理经验、能力不足，调查收集证据的能力有限，难以有效保护当事人的合法权益，甚至影响诉讼活动的正常进行。其三，部分法院退休但又不具有律师资格的法官和现任法官的亲朋好友从事公民代理活动，利用关系影响、干扰案件依法审理，影响司法公正。因此，从上述理由来看，对社会团体推荐公民的范围作限缩理解，更贴近立法原意。否则，只要当事人任意选择一个“公民”后，再由对这个“公民”完全陌生的社会团体出具一份所谓的“推荐信”，该公民则可以诉讼代理人的身份参加诉讼，这实质上架空了行政诉讼法关于取消原有公民代理的制度设计。

【条文释义】

理解本条规定应当注意以下两点。

1. 关于社会团体自身条件。社会团体属于依法登记设立或者依法免于登记设立的非营利性法人组织。《社会团体登记管理条例》第二条第一款规定：“本条例所称社会团体，是指中国公民自愿组成，为实现会员共同意愿，按照其章程开展活动的非营利性社会组织。”第三条规定：“成立社会团体，应当经其业务主管单位审查同意，并依照本条例的规定进行登记。社会团体应当具备法人条件。下列团体不属于本条例规定登记的范围：（一）参加中国人民政治协商会议的人民团体；（二）由国务院机构编制管理机关核定，并经国务院批准免于登记的团体；（三）机关、团体、企业事业单位内部经本单位批准成立、在本单位内部活动的团体。”因此，根据上述规定，社会团体自身条件为：非营利性、登记成立或依法免予登记。

2. 被代理人与社会团体的关系。根据本条规定，被代理人与社会团体的关系，需符合以下两个条件之一。其一，被代理人属于该社会团体的会员。根据《社会团体登记管理条例》第十条的规定，成立社会团体，应当有五十个以上的个人会员或者三十个以上的单位会员；个人会员、单位会员混合组成的，会员总数不得少于五十个。其二，当事人一方住所地位于该社会团体的活动地域。《社会团体登记管理条例》第七条规定，全国性的社会团体，由国务院的登记管理机关负责登记管理；地方性的社会团体，由所在地人民政府的登记管理机关负责登记管理；跨行政区域的社会团体，由所跨行政区域的共同上一级人民政府的登记管理机关负责登记管理。第十二条第二款规定，社会团体登记事项包括：名称、住所、宗旨、业务范围、活动地域、法定代表人、活动资金和业务主管单位。该条件适用时需要特别注意的是，只要案件任何一方当事人，而并非限于被代理人，处于该社会团体的活动地域的，就符合该项条件。

3. 代理事务与社会团体的关系。本条规定代理事务应属于社会团体章程载明的业务范围。《社会团体登记管理条例》第十四条第二项规定，社会团体章程应当包括业务范围这一事项。因此，人民法院可以根据社会团体章程来判断代理事务是否属于社会团体章程载明的业务范围。

4. 被推荐公民与社会团体的关系。被推荐人与社会团体的关系需为以下两种之一：其一，社会团体的负责人；其二，与社会团体有合法劳动人事关系的工作人员。对于与社会团体有合法劳动人事关系的工作人员的理解，前文已详细解释，此处不再赘述。至于此条为何专门规定社会团体的负责人，理由为我国某些社会团体的负责人多为其上级行业部门的负责人兼任，而该负责人与该社会团体往往不存在劳动人事关系，故本条对社会团体负责人诉讼代理人资格问题专门予以规定。

5. 专利代理人担任诉讼代理人问题。《最高人民法院关于在知识产权审判中贯彻落实〈全国人民代表大会常务委员会关于修改《中华人民共和国民事诉讼法》的决定〉有关问题的通知》（法〔2012〕317号）规定："规范专利代理人以公民身份担任诉讼代理人。《民事诉讼法修改决定》施行后，专利代理人经中华全国专利代理人协会推荐，可以公民身份在专利案件中担任诉讼代理人。中华全国专利代理人协会在具体案件中向人民法院个别推荐专利代理人担任诉讼代理人的，人民法院应当对推荐手续和专利代理人资格予以审查。中华全国专利代理人协会以名单方式向最高人民法院推荐专利代理人担任诉讼代理人，经最高人民法院确认后，名单内的专利代理人在具体案件中担任诉讼代理人无需再履行个别推荐手续。各级人民法院根据最高人民法院确认的推荐名单对专利代理人资格予以审查。"因此，本解释按照该通知精神对专利代理人担任诉讼代理人问题予以了规定。

【实务指导】

实践中，对于公民作为诉讼代理人是否可以收取报酬的问题，争议较大。

一种意见认为，根据1997年律师法第十四条，《司法部关于公民个人未经批准不得从事有偿法律服务的批复》以及《司法部、国家工商行政管理局关于进一步加强法律服务管理有关问题的通知》的相关规定，公民担任诉讼代理人不能收取报酬，公民从事有偿代理业务违反法律的强制性规定，委托代理协议无效。另一意见则认为，2007年律师法第十三条规定，“没有取得律师执行证书的人员，不得以律师名义从事法律业务；除法律另有规定外，不得从事诉讼代理或者辩护业务”，该条规定已经删除了1997年律师法第十四条规定的“不得为牟取经济利益从事诉讼代理或者辩护业务”的规定。鉴于现行法律没有对此问题作出明确规定，不宜直接认为公民担任诉讼代理人收取费用的协议无效。但是，从规范公民担任诉讼代理人行为角度出发，应当对公民担任诉讼代理人收费问题进行必要限制。最高人民法院民一庭在2010年9月16日曾对重庆高院《关于公民代理合同中给付报酬约定的效力问题的请示》作出答复：未经司法行政机关批准的公民个人与他人签订的有偿法律服务合同，人民法院不予保护；但对于受托人为提供服务实际发生的差旅等合法费用，人民法院可以支持。本司法解释对公民代理收费问题未作规定，实践中，宜仍按照上述答复意见，对代理合同中约定的高额代理费用不予支持，但可以根据代理行为的完成情况和代理人实际支出的相关费用，对差旅费等实际发生的相关费用予以支持。

（周觅撰写）

[部门规章、规章性文件与解读]

工业和信息化部

关于促进制造业产品和服务质量提升的实施意见

2019 年 8 月 29 日　　　　工信部科〔2019〕188 号

提高制造业产品和服务质量水平，是深化供给侧结构性改革，满足人民日益增长的美好生活需要的重要举措，是促进我国产业迈向全球价值链中高端的必然要求。为深入贯彻落实《中共中央 国务院关于开展质量提升行动的指导意见》，加快提升制造业产品和服务质量，推动制造业高质量发展，现提出以下意见。

一、总体要求

（一）指导思想

坚持以习近平新时代中国特色社会主义思想为指导，全面贯彻党的十九大和十九届二中、三中全会精神，牢固树立新发展理念，坚持以供给侧结构性改革为主线，以提高制造业质量和效益为目标，落实企业质量主体责任，增强质量提升动力，优化质量发展环境，培育制造业竞争新优势，为实施制造强国、质量强国战略奠定坚实基础。

（二）基本原则

坚持质量提升与满足需求相结合。以增强制造业竞争力和满足人民群众日益增长的美好生活需要作为出发点和落脚点，加强全面质量管理，推进质量文化和品牌建设，增强人民群众获得感。

坚持企业主体与营造环境相结合。推动企业落实质量主体责任，严守质量底线，提高质量水平，扩大优质产品和服务供给。优化质量发展环境，加强标准引领，加快人才培养，强化专业支撑，推动优质优价，激发企业质量提升动力。

坚持技术创新与管理创新相结合。提升技术创新能力，引导创新要素向关键共性技术、中高端产品和服务集聚，提高产品的安全性、可靠性和环境适应性。促进质量管理创新，推广先进质量管理方法和工具，提高质量管理的水平。

坚持全面推进与分业施策相结合。完善覆盖全产业链、产品全生命周期的质量提升协作机制。聚焦行业质量突出问题，精准施策，提升原材料供给质量，增强装备制造质量竞争力，加快消费品提质升级，推动信息技术产业迈向中高端。

（三）主要目标

到2022年，制造业质量总体水平显著提升，质量基础支撑能力明显提高，质量发展环境持续优化，行业质量工作体系更加高效。建设一批国家标准、行业标准与团体标准协调配套的标准群引领行业质量提升，推动不少于10个行业或领域建立质量分级工作机制，完善重点产品全生命周期的质量追溯机制，提高企业质量和品牌的竞争力。

二、落实企业质量主体责任

（四）健全质量责任体系。企业法定代表人或主要负责人是质量第一责任人。企业要建立质量安全控制关键岗位责任制，严格实施企业岗位质量规范和质量考核制度。严格执行强制性标准，主动对产品和服务质量进行声明，接受社会监督。执行重大质量事故报告及应急处理制度，增强质量安全风险防控能力。履行缺陷产品召回等法定义务，严格落实产品修理、更换、退货责任规定，依法承担质量损害赔偿责任，建立健全产品全生命周期质量追溯机制。

（五）加强全面质量管理。明确企业质量方针目标，建立覆盖全员、全过程的质量管理体系，持续提高质量管理体系运行的有效性，确保持续稳定地提供满足法律法规和顾客需求的产品和服务，优化顾客体验，提高顾客满意度。加强供应链质量管理，建立完善第二方质量审核制度，对重要供应商的质量、技术、工艺、设备和人员等进行指导和监督。积极应用卓越绩效模式、六西格玛管理、精益生产等方法，开展质量风险分析与控制、质量成本管理、质量管理体系升级等活动，全面提高企业质量管理能力。

（六）推进质量文化建设。树立质量为先、信誉至上的诚信经营理念，强化全员质量意识，提升员工岗位技能，把质量诚信落实到企业生产经营的全过程。大力弘扬优秀企业家精神和工匠精神，加强企业社会责任建设，培育精益求精、追求卓越的质量文化。鼓励设立首席质量官，积极组织开展质量管理小组、班组管理、质量攻关、合理化建议等群众性质量活动，加强优秀质量成果的内部推广和外部交流，持续改进质量管理。

三、增强质量提升动力

（七）发挥标准带动作用。发挥标准对行业质量提升的支撑与引领作用，提高上下游产业标准的协同性和配套性，推动建立覆盖全产业链和产品全生命周期的标准群。加快重点领域质量安全标准、绿色设计与生产标准制定，推动标准实施。鼓励地方结合本地区自然条件等特殊要求组织制定地方标准，服务地方特色产业发展。鼓励企业和社会团体制定满足多层次市场需求和创新需求的标准，支持具有创新性、先进性和国际性的团体标准应用示范，支持地方开展标准领航质量提升工作，支持行业和企业参与国际标准化工作，与国际先进水平对标，推动行业高质量发展。

（八）强化技术支撑作用。鼓励企业技术创新，开展个性化定制、柔性生产，丰富产品种类，满足差异化消费需求。推广数字孪生、可靠性设计与仿真、质量波动分析等技术的开发应用，提升产品质量设计和工艺控制能力。持续推进两化融合管理体系贯标，推动云计算、大数据、人工智能等新一代信息技术在质量管理中的应用，支持建立质量信息数据库，开发在线检测、过程控制、质量追溯等质量管理工具，加强质量数据分析，推动企业建立以数字化、网络化、智能化为基础的全过程质量管理体系。

（九）发挥品牌促进作用。引导企业建立以质量为基础的品牌发展战略，丰富品牌内涵，提升品牌形象。鼓励行业协会、专业机构建立健全品牌培育专业化服务体系，制定宣贯品牌培育管理体系标准，完善品牌培育成熟度评价机制，以品牌培育推动企业从“质量合格”向追求“用户满意”跃升。推动产业集群区域品牌建设，引导集群内企业标准协调、创新协同、业务协作、资源共享，发挥龙头企业带动作用，推动产业链提质升级。加强品牌宣传推广，引领消费需求，增强消费信心，促进企业加快质量升级。

四、优化质量发展环境

（十）倡导优质优价。鼓励行业协会和专业机构围绕产品性能、技术能力、用户需求等制定质量分级标准，运用检验检测、合格评定、满意度调查等手段，对重点产品试点开展质量分级评价，建立质量分级发布机制。以机械、钢铁、石化、建材、轻工、电子等行业专业化质量分级为试点，推动建立质量分级、应用分类的市场化采信机制。加大政府采购的引导作用，推动发布优质采购目录，鼓励在重大装备和重点工程中使用优质产品。

（十一）优化市场环境。加强质量诚信体系建设，建立消费者投诉、产品召回等信息共享机制，引导行业对共性质量问题进行警示和改进。配合有关部门打击侵犯知识产权和制售假冒伪劣商品行为，联合惩戒严重质量违法失信行为，推动构建公平、公正、开放、有序的市场竞争环境。引导地方和行业制定区域、行业质量提升计划，积极开展质量兴业、质量比对、品牌培育等工作，总结中国优秀工业设计、单项冠军、质量标杆、专精特新“小巨人”、产业集群区域品牌建设等各类活动中的好经验好做法，加大宣传推广力度。

（十二）夯实服务支撑。加强质量基础能力建设，发挥各类公共服务平台作用，加大面向中小企业的质量和品牌服务供给。发挥国家、省级制造业创新中心作用，攻克一批关键共性技术并推广应用，提高企业质量技术水平。支持专业机构加强质量控制和技术评价能力建设，鼓励为企业服务。加快发展研发设计、工业设计、知识产权、标准验证、质量诊断、检测认证等生产性服务业，加强国际交流与合作，提高专业化服务水平。推动行业检验检测实验室向公众开放，提高全民质量意识。

五、加快重点产业质量提升

（十三）提高原材料工业供给质量。深入实施《原材料工业质量提升三年行动方案（2018－2020年）》。加快钢铁、水泥、电解铝、平板玻璃等传统产业转型升级，推广清洁高效生产工艺，实施绿色化、智能化改造，鼓励研发应用全流程质量在线监测、诊断与优化系统。加快高端材料创新，支持航空、核能、发动机等关键领域材料的生产应用示范平台建设，促进新材料应用验证及推广，形成高性能、功能化、差别化的先进基础材料供给能力。加快稀土功能材料创新中心和行业测试评价中心建设，支持开发稀土绿色开采和冶炼分离技术，加快稀土新材料及高端应用产业发展。支持开展重点原材料产品用户满意度调查，以用户为中心不断提升原材料供给质量。

（十四）增强装备制造业质量竞争力。积极落实《促进装备制造业质量品牌提升专项行动指南》。实施工业强基工程，着力解决基础零部件、电子元器件、工业软件等领域的薄弱环节，弥补质量短板。加快推进智能制造、绿色制造，提高生产过程的自动化、智能化水平，降低能耗、物耗和水耗。按照《工业企业技术改造升级投资指南》规划，梳理产业质量升级亟需的新技术、新装备、新工艺目录，积极引导产业基金及社会资金支持，提高装备制造业的质量水平。

（十五）促进消费品工业提质升级。贯彻落实《关于开展消费品工业“三品”专项行动 营造良好市场环境的若干意见》。制定发布升级和创新消费品指南，推动轻工纺织等行业的创新产品发布。培育壮大个性化定制企业和平台，推动企业发展个性定制、规模定制、高端定制。持续开展纺织服装创意设计园区（平台）试点示范工作，提高创意设计水平，推动产品供给向“产品+服务”转变，促进消费升级。支持重点产品与国外产品质量及性能实物对比，支持临床急需药品先进技术应用和质量提升，开展婴幼儿配方乳粉等关键领域质量安全追溯体系建设，提供信息实时追溯和查询服务，让消费者放心消费。

（十六）推动信息技术产业迈向中高端。支持集成电路、信息光电子、智能传感器、印刷及柔性显示创新中心建设，加强关键共性技术攻关，积极推进创新成果的商品化、产业化。加快发展5G和物联网相关产业，深化信息化和工业化融合发展，打造工业互联网平台，加强工业互联网新型基础设施建设，推动关键基础软件、工业设计软件和平台软件开发应用，提高软件工程质量和网络信息安全水平。发展超高清视频产业，扩大和升级信息消费。规范对智能终端应用程序的管理，改善信息技术产品和服务的用户体验。

六、保障措施

（十七）加强组织落实。坚持企业主体、政府引导、社会共治的原则，加强部门协同。地方工业和信息化主管部门要督促企业严格执行质量、标准、计量、认证认可、特种设备安全等法律法规，加强质量管理和队伍能力建设，结合实际制定本地区促进质量提升的相关配套政策和激励措施。鼓励行业协会持续深入推进群众性质量活动，建立本行业先进质量管理经验的长效宣传推广机制，弘扬质量先进。

（十八）加快人才培养。以企业需求为导向，系统推进制造业的质量人才培养。依托高校、科研院所推进质量和品牌相关专业学科和课程建设，支持设立质量研究院、品牌研究院，培养高端质量和品牌人才。支持行业协会、专业机构加强专业技能和质量品牌人才培训，提高行业质量意识和专业素质水平。鼓励企业提升员工质量素质，培养知识型、技能型、创新型的质量骨干和技术能手。

（十九）加强宣传引导。加强质量和品牌建设宣传的总体策划和系统推进，引导企业坚持质量为先，追求卓越质量，关注绿色低碳、可持续发展、消费友好等新需求，不断提升产品和服务的质量，提高履行社会责任的能力。组织开展质量品牌主题宣传和交流活动，报道企业质量提升的丰富实践、重大成就、典型经验，讲好中国品牌故事，塑造中国制造质量新形象，增强国际竞争力。

工业和信息化部科技司解读《促进制造业产品和服务质量提升的实施意见》

2019 年 8 月 29 日，工业和信息化部印发了《关于促进制造业产品和服务质量提升的实施意见》（工信部科〔2019〕188 号，下称《实施意见》）。现就《实施意见》的有关内容解读如下：

一、《实施意见》的背景

制造业是国民经济的主体。打造具有国际竞争力的制造业，是我国提升综合国力、保障国家安全、建设世界强国的必由之路。质量代表着供给满足需求的程度，关系着供给侧发展的质量和效益，影响着需求侧的获得感、幸福感和安全感。提升产品和服务质量是制造业高质量发展的基础，是建设制造强国的生命线。党的十九大报告指出，建设现代化经济体系，必须把发展经济的着力点放在实体经济上，把提高供给体系质量作为主攻方向，显著增强我国经济质量优势。中央经济工作会议将“努力满足最终需求，提升产品质量”列为2019年重点任务，彰显了质量提升的重要性和紧迫性。

新中国成立70年特别是改革开放40多年来，我国制造业持续快速发展，建成了门类齐全、独立完整的工业体系，成为世界制造业第一大国。但是，制造业整体质量水平仍然不高，对比满足人民美好生活和打造国际产业竞争质量优势的任务，还存在差距。落实制造业高质量发展的要求，必须坚持质量第一、效益优先，加强质量品牌建设，推动制造业质量变革、效率变革、动力变革。

党中央、国务院高度重视质量工作，2017年出台了《中共中央 国务院关于开展质量提升行动的指导意见》，对质量提升行动作出全面部署。2019年政府工作报告提出要“推动标准与国际先进水平对接，提升产品和服务品质，让更多国内外用户选择中国制造、中国服务”。2019年全国工业和信息化工作会议也明确提出大力推进质量提升的任务。

《实施意见》是贯彻落实党中央、国务院决策部署，推动质量变革，提高供给质量，促进制造业高质量发展的重要举措，是针对制造业质量突出问题，加快提升制造业产品和服务质量的工作措施和安排。《实施意见》的出台，有利于推动各有关方面把握质量工作的新形势、新要求，统一思想、提高认识，增强合力。有利于各级工业和信息化主管部门加大质量工作力度，加强政策引导支持，会同社会各界，推动落实质量责任，增强质量提升动力，优化质量发展环境，加快重点产业质量提升。有利于增强中国制造质量竞争优势，推动中国制造向中国创造转变，中国速度向中国质量转变，中国产品向中国品牌转变。

二、总体思路

《实施意见》的“总体要求”部分，提出了指导思想、基本原则和主要目标。

在“指导思想”中，强调要坚持以习近平新时代中国特色社会主义思想为指导，全面贯彻党的十九大和十九届二中、三中全会精神，牢固树立新发展理念，坚持以供给侧结构性改革为主线，以提高制造业质量和效益为目标，促进制造业产品和服务质量提升。针对企业质量意识有所淡化、质量违约成本低、优质优价环境有待完善、企业质量提升动力不足等影响质量提升的较为突出问题，提出将落实企业质量主体责任、增强质量提升动力、优化质量发展环境和培育制造业竞争新优势作为今后一个时期质量提升行动的中心任务。

在“基本原则”中，提出要坚持“四个结合”。一是坚持质量提升与满足需求相结合。立足适用性质量的观点，强调质量提升要为增强产业竞争力和满足人民需求服务。二是坚持企业主体与营造环境相结合。强调质量提升是微观和宏观的统一，既要坚持企业主体，又要发挥政府和社会各界合力作用。三是坚持技术创新与管理创新相结合。强调要技术和管理双轮驱动，通过管理创新和技术创新促进质量提升。四是坚持全面推进与分业施策相结合。强调要点面结合，在推进制造业整体提升质量的同时，聚焦产业质量短板，精准施策，实现重点突破。

在“主要目标”中，确定了“到2022年，制造业质量总体水平显著提升，质量基础支撑能力明显提高，质量发展环境持续优化，行业质量工作体系更加高效”的重点任务方向。同时，明确了以提高质量和品牌竞争力为方向，“建设一批国家标准、行业标准与团体标准协调配套的标准群引领行业质量提升，推动不少于10个行业或领域建立质量分级工作机制，完善重点产品全生命周期的质量追溯机制”等质量工作目标。

三、主要举措

《实施意见》遵循质量提升的科学规律，从内因到外因，从企业到行业，围绕落实企业质量主体责任、增强质量提升动力、优化质量发展环境和加快重点产业质量提升等四个方面，提出了十三项行动举措。

（一）落实企业质量主体责任

企业是依法履行质量责任的主体。企业要在生产经营全过程和产品全生命周期落实质量法定责任，增强履行质量责任的能力，持续改进质量。《实施意见》在强调《产品质量法》等相关法律法规对企业的法定要求基础上，进一步提出：

一是要提高质量安全风险防控能力。要增强质量安全风险意识，执行重大质量事故报告及应急处理制度。二是要落实质量责任追溯制度。建立健全产品全生命周期质量追溯机制，完善质量追溯手段和内容，加强与缺陷产品召回等工作联动。三是要加强供应链质量管理。建立完善第二方质量审核制度，提高供应链质量水平。四是要强化质量信息公开。主动对提供的产品和服务质量进行自我声明，接受社会监督。五是要推进质量文化建设。鼓励企业设立首席质量官，弘扬质量为先的经营理念，提高全员质量意识。

质量追溯机制是落实质量责任的重要保障。引导企业运用物联网等新一代信息技术建立完善质量追溯机制，实现质量信息全面、准确、高效的传递，有助于分解落实质量责任，快速定位并解决质量问题，从而促进供给侧提升质量，增强需求侧消费信心。

供应链质量管理是发挥市场主体作用促进质量提升的重要环节。调查显示，部分装备产品约80%的质量问题源于采购件。引导骨干企业对重要供应商的质量、技术、工艺、设备和人员因素进行审核、监督，以及指导改进，构建合作共赢的供应商管理模式十分必要。

（二）增强质量提升动力

随着经济社会快速发展，企业仅提供满足质量安全底线的产品和服务，无法满足人民美好生活的需要，也难以获得质量竞争优势。要发挥标准带动、技术支撑和品牌促进的综合作用，引导企业追求有竞争力的质量，培育有魅力的品牌。

一是通过标准带动质量提升。提高上下游产业标准的协同性和配套性，鼓励企业和社会团体制定满足多层次市场需求和创新需求的标准。支持具有创新性、先进性和国际性的团体标准应用示范。积极与国际先进水平对标，推动行业高质量发展。二是通过技术升级支撑质量提升。鼓励企业应用新技术、新方法、新工艺，丰富产品种类，提高产品质量设计和工艺控制能力。支持企业建立以数字化、网络化、智能化为基础的全过程质量管控体系，增强质量提升的效率和效果。三是通过培育品牌促进质量提升。推动企业建立以质量为内涵的品牌发展战略，实施品牌培育管理体系标准，增强品牌培育能力。推进产业集群区域品牌建设，推动企业和产业从“质量合格”向追求“用户满意”跃升。

标准是质量提升的基石，推动建设一批国家标准、行业标准与团体标准协调配套的标准群是促进质量提升的重要手段。通过制定颁布先进标准，带动产品质量提升，推动产业迈向中高端。通过严格实施标准，形成质量“硬约束”，增强质量“软实力”，倒逼传统产业升级，领航新兴产业发展。

（三）优化质量发展环境

质量提升是系统工程，既是技术创新、管理创新、资源配置和劳动者素质等因素的集成，又是法制环境、营商环境、诚信体系建设等方面的综合反映。推动质量提升还需要政府及社会组织在政策引导、监督管理、公共服务、质量基础建设等方面发挥积极作用，共同营造企业追求高质量、社会崇尚高质量的良好氛围。

一是推动完善质量分级制度。鼓励行业协会和专业机构公开、公正地推进质量分级评价，通过专业性判断将复杂的质量信息显性化，为完善优质优价市场机制提供技术保障。二是加强质量诚信体系建设。建立消费者投诉、产品召回等信息共享机制。引导行业对共性质量问题进行警示和改进，合力构建公平、公正、开放、有序，以质量诚信为基础的市场竞争环境。三是增强质量基础能力。发挥各类产业技术基础公共服务平台作用，加大面向中小微企业的质量和品牌服务供给。四是加快发展生产性服务业。引导相关生产性服务业拓展领域、增强能力，加强国际交流与合作，为行业和企业提供高水平的专业化服务。

质量分级是利用技术标准和技术方法，对产品质量以及质量形成全过程中的因素进行识别判定的活动。质量分级有助于将高质量产品的价值显性化，为优质优价机制提供技术支撑。对工业类产品开展专业化质量分级评价有利于引导下游企业根据质量敏感程度分类采购。对消费类产品的质量分级评价有利于商业渠道、电商平台和媒体机构等采信评价结果，引导科学消费。

（四）加快重点产业质量提升

质量提升是产业结构优化、供给侧结构性改革的中心任务。不同行业的质量状况不同，存在的质量短板和瓶颈也不同，需要聚焦行业质量突出问题，精准施策，重点突破。

对于原材料工业，以提高产品质量的稳定性、一致性和耐久性为基础，增加高性能、功能性、差别化产品的有效供给，推广清洁高效生产工艺，加快传统产业转型升级和高端材料创新，淘汰低质量产能，支持稀土等新材料及高端应用产业发展，提高供给质量。

对于装备制造业，以提高产品质量可靠性和稳定性为基础，实施强基工程着力解决基础零部件、电子元器件、工业软件等领域的薄弱环节，发展智能制造，推行绿色制造，提高生产过程的自动化、智能化水平，降低能耗、物耗和水耗，推动重点领域提升质量竞争力。

对于消费品工业，以满足高质量、差异化消费需求为基础，制定发布升级和创新消费品指南，发展个性化定制，推动产品供给向“产品＋服务”转变，促进消费升级。加强重点产品与国外产品质量及性能实物对比，加快提高关键领域质量安全水平，让消费者放心。

对于信息技术产业，以推动产业迈向中高端为导向，加强集成电路、信息光电子、智能传感器、印刷及柔性显示等创新中心建设，加快发展5G和物联网相关产业，加强工业互联网新型基础设施建设，发展超高清视频产业，规范对智能终端应用程序的管理，改善产品和服务的用户体验，引导信息消费升级。

四、保障措施

《实施意见》从组织落实、人才培养、宣传引导等三个方面提出了保障措施。

在组织落实方面，强调要坚持企业主体、政府引导、社会共治的原则，加强部门协同。地方工业和信息化主管部门要结合实际制定本地区促进质量提升的相关配套政策和激励措施，加大质量品牌工作投入，加强质量品牌工作队伍建设。行业协会要深入推进群众性质量活动，建立本行业先进质量品牌管理经验的长效宣传推广机制。

在加快人才培养方面，强调要推进质量和品牌相关专业学科和课程建设，加强专业技能和质量品牌人才培训，提高行业质量意识和专业素质水平。加快培养首席质量官、首席品牌官和品牌经理等管理人员，满足企业质量提升的人才需求。鼓励企业提升员工质量素质，培养知识型、技能型、创新型的质量骨干和技术能手。

在加强宣传引导方面，强调要加强质量和品牌宣传的总体策划和系统推进，建立相关信息采集汇总和媒体协同宣传的工作机制。引导企业和产业集群追求卓越，关注绿色低碳、可持续发展、消费友好等新需求。结合质量标杆、单项冠军、专精特新等工作深入挖掘宣传质量提升的突出成效和典型经验。结合中国品牌日、质量月、世界标准日等活动加强宣传动员。结合中国工业品牌之旅、品牌故事大赛、品牌创新成果发布等活动扩大传播效果。研究提炼中国制造的优秀精神内涵和文化特质，展示中国品牌魅力，树立中国制造新形象。

退役军人事务部

光荣牌悬挂服务管理工作规定（试行）

（2019年8月23日）

第一章　总　　则

第一条　为规范光荣牌的悬挂和服务管理，维护光荣牌的荣誉性、庄重性，更好发挥光荣牌的荣誉激励作用，依据国务院办公厅印发的《为烈属、军属和退役军人等家庭悬挂光荣牌工作实施办法》有关要求，制订本规定。

第二条　本规定所称光荣牌是指由省级人民政府退役军人事务部门按照国家规定的样式统一制作的“光荣之家”标识牌。

第三条　光荣牌是褒扬为国家、国防和人民牺牲奉献的荣誉载体和象征，应当得到尊重和爱护。

第四条　本规定所称的悬挂服务管理工作，包括光荣牌的制作、新发、补发、更换、收回、取消和恢复悬挂。

第五条　光荣牌悬挂和服务管理工作坚持彰显荣誉、规范有序、庄重严肃、分级负责、属地落实的原则。

第六条　退役军人事务部统一设计和规范光荣牌的样式、监督光荣牌制作，指导督促全国光荣牌悬挂和服务管理工作。

省级人民政府退役军人事务部门负责本省份光荣牌的统一制作，指导督促悬挂和服务管理工作。地（市）级人民政府退役军人事务部门负责本行政区域内光荣牌悬挂和服务管理工作的指导、监督。县级人民政府退役军人事务部门会同当地人民武装部门组织落实本行政区域内光荣牌的具体悬挂和服务管理工作。

退役军人服务中心（站）承担光荣牌悬挂和服务管理具体事务性工作。

第二章　悬挂范围

第七条　烈士遗属、因公牺牲军人遗属、病故军人遗属（以下简称" 三属"）家庭和中国人民解放军现役军人（以下简称现役军人）家庭、退役军人家庭可以依照规定悬挂光荣牌。

同时具备两个以上（含两个）悬挂光荣牌条件的家庭，只悬挂一块光荣牌。

第八条　“三属”家庭是指《中华人民共和国烈士证明书》、《中华人民共和国军人因公牺牲证明书》、《中华人民共和国军人病故证明书》等证明书的持证人家庭（原则上以居民户口簿为准，下同），以及非持证的烈士、因公牺牲军人、病故军人的父母（抚养人）、配偶和子女家庭。

第九条　现役军人家庭是指现役军人本人的家庭。现役军人与父母（抚养人）分户居住的，也可为其父母（抚养人）家庭悬挂一块光荣牌；父母离异的，由现役军人决定在父方或者母方家庭悬挂。

第十条　退役军人家庭是指退役军人本人的家庭。

第十一条　光荣牌在对象家庭户籍所在地悬挂。悬挂对象户籍地与常住地不一致的，可尊重对象意愿悬挂。需跨省异地悬挂的，由悬挂对象凭常住证明（居住证或房产证）向户籍所在地县级人民政府退役军人事务部门提出申请，户籍所在地县级人民政府退役军人事务部门核实后开具协办信函。常住地县级人民政府退役军人事务部门核准后，由其常住地退役军人服务中心（站）为其悬挂常住地的光荣牌。

户籍所在地和常住地只能选择一处悬挂。常住地跨省变迁需要在新常住地悬挂光荣牌的，应当将已悬挂光荣牌上交原发放地县级人民政府退役军人事务部门，凭上交凭证重新向户籍所在地县级人民政府退役军人事务部门提出申请。

第三章　组织实施

第十二条　符合悬挂条件的新增对象，应当及时主动进行信息采集。县级人民政府退役军人事务部门按照相关规定和程序为其家庭悬挂光荣牌。

第十三条　集中悬挂、更换光荣牌工作原则上于每年建军节、春节前或者新兵入伍时进行。

集中悬挂或者更换光荣牌时，村（居）民委员会、社区、退役军人服务中心（站）应当举行悬挂仪式，安排专人负责安装悬挂。悬挂仪式应当简朴、庄重、热烈。

第十四条 光荣牌的悬挂位置应当尊重悬挂家庭的意愿，一般悬挂在其正门适当位置，保证醒目、协调、庄严、得体。

因建筑结构、材质等因素不适合悬挂的，可在室内醒目位置摆放。

第十五条 拟固定悬挂光荣牌家庭所居住的房屋所有权非本家庭成员所有的，对象家庭应当事先征得房屋所有权人的同意。

第十六条 光荣牌悬挂后，应当及时填写光荣牌悬挂登记表，由对象本人或者家庭成员签字确认。

光荣牌悬挂登记表由省级人民政府退役军人事务部门统一格式，内容包括家庭户主姓名、对象类别（军属所对应现役军人可公开的基本信息）、身份证号码、家庭地址、联系电话、挂牌时间、展示方式（悬挂或者摆放）、签收人（签字）、经办工作人员（签字）、备注等。

第十七条 各级退役军人事务部门应当指导督促退役军人服务中心（站），加强信息采集和数据比对核实，及时完善工作台账，落实建档立卡制度，加强信息数据管理。

第十八条 省级人民政府退役军人事务部门应当采用信息技术加强光荣牌的管理，逐步实现编码管理、一牌一码。

第十九条 悬挂对象应当珍视荣誉，做好光荣牌的保管、维护。

第二十条 光荣牌发生老化、破损等情形，悬挂对象可以提出更换申请，经县级人民政府退役军人事务部门核准后可以更换。更换新光荣牌前，应当上交旧光荣牌。县级人民政府退役军人事务部门负责集中销毁上交的旧光荣牌。

因非本人责任、无法抗拒或者无法预料等情形造成光荣牌遗失，可以申请补发，补发原则上不超过两次。

第二十一条 悬挂光荣牌家庭的“三属”或者现役军人、退役军人去世后，该家庭可继续悬挂光荣牌，但不再更换。

第四章 生产制作及分发

第二十二条 光荣牌生产应当按照政府采购有关要求组织实施，光荣牌样式和质量应当符合国家统一规定的《光荣牌设计和技术标准》，退役军人事务部门应当采取随机抽检、委托专业检测机构进行质量检验等方法，确保产品质量。

第二十三条 光荣牌完成生产经检验合格后，应当加强运输和储存过程管理，储存场所应当满足防尘、防潮、防盗等条件，确保悬挂前无弯折、污损、丢失等。

第二十四条 光荣牌由县级人民政府退役军人事务部门发放，并建立领取、分发登记制度，确保收发准确清楚。

第二十五条 退役军人事务部门应当监督光荣牌生产厂家对不合格产品及时销毁，加强光荣牌运输和储存过程管理，严禁成品、半成品、不合格产品流入社会。

第五章 监督管理

第二十六条 光荣牌悬挂对象本人及其家庭成员有下列情形之一的，县级人民政府退役军人事务部门应当及时给予说服教育、督促纠正：

（一）利用光荣牌反映个人不合理诉求、谋取不当利益的；

（二）悬挂仿制的光荣牌的；

（三）故意污损、划刻、破坏光荣牌或者恶搞、玷污光荣牌形象的；

（四）将光荣牌出售、出租、转借或者用于从事营利性活动的；

（五）将光荣牌带出境的；

（六）有其他不当使用情形的。

第二十七条 悬挂对象及其家庭成员存在以下情形之一的，县级人民政府退役军人事务部门应当取消其家庭悬挂光荣牌资格，已经悬挂的，经县级人民政府退役军人事务部门批准，由乡镇（街道）、村（社区）退役军人服务站及时收回：

（一）现役军人被除名或者开除军籍的；

（二）应征入伍后被退兵处理的；

（三）悬挂对象及其家庭成员因犯罪被追究刑事责任的；

（四）悬挂对象本人被开除党籍或者被开除公职的；

（五）被公安机关处以治安管理处罚且产生恶劣影响的；

（六）被列入失信人员名单的；

（七）违反《信访条例》有关规定，挑头集访、闹访被劝阻、批评、教育仍不改正的；

（八）不珍惜光荣牌荣誉、违反社会公序良俗，以及第二十六条所列情形，进行教育纠正仍拒不改正的。

第二十八条 悬挂对象及其家庭成员出现第二十七条第五项、第六项、第七项、第八项行为被取消悬挂光荣牌资格后，能够主动改正错误并积极消除负面影响的，经县级人民政府退役军人事务部门核准，并报地（市）级人民政府退役军人事务部门备案，可以恢复光荣牌悬挂资格。由乡镇（街道）、村（社区）退役军人服务站上门恢复悬挂，不再举行悬挂仪式。

第二十九条 任何组织和个人不得买卖、出租光荣牌，不得仿制光荣牌，不得将光荣牌用于商业广告、制作商标或者其他商业性用途，不得将光荣牌用于娱乐活动，不得进行丑化、玷污、破坏光荣牌等有损光荣牌形象的活动。

退役军人事务部门发现不恰当使用光荣牌的行为，应当依法协同相关部门及时处置。

第三十条 退役军人事务部门以及相关单位的工作人员，在光荣牌悬挂和服务管理工作中应当积极主动、热情周到，对不履行职责并造成严重社会不良影响的，严格问责追责。

第三十一条 省级人民政府退役军人事务部门应当设立光荣牌悬挂服务管理监督电话，接受咨询和投诉，建立反馈办理台帐，方便社会和服务对象监督。

第六章 附 则

第三十二条 各级退役军人事务部门和相关单位为悬挂对象悬挂光荣牌，不得收取任何费用。

第三十三条 本规定所称家庭成员是指户籍家庭成员或者长期共同生活的家庭成员。

第三十四条 中国人民武装警察部队官兵家庭悬挂光荣牌适用于本规定。

第三十五条 本规定自印发之日起施行。

退役军人事务部拥军优抚司解读《光荣牌悬挂服务管理工作规定（试行）》

2019 年 8 月 23 日，退役军人事务部正式印发《光荣牌悬挂服务管理工作规定（试行）》（以下简称《悬挂工作规定》）。为进一步做好政策落实工作，现就社会关心关注的有关问题予以解读。

一、为什么出台《悬挂工作规定》？

为落实中央决策部署、弘扬拥军优属优良传统、推进军人荣誉体系建设，2018 年 7 月 30 日，国务院办公厅印发《关于为烈属、军属和退役军人等家庭悬挂光荣牌工作实施办法》，全面部署悬挂光荣牌工作。各地认真落实国务院要求，有序推进各项工作。截至目前，全国已为 3958 万余户对象家庭悬挂了光荣牌，社会反响良好。

但在工作中，悬挂对象和基层工作人员也反映了一些具体问题，如已成家的现役军人父母家庭能否悬挂、异地悬挂如何办理等。为进一步规范悬挂光荣牌工作，切实回应悬挂对象关切，我们对问题进行了认真梳理，深入调查研究，听取各方面建议，起草了相关文件，并广泛征求意见，最终形成了《悬挂工作规定》。

《悬挂工作规定》明确了给谁挂、谁来挂、怎么挂、怎么管等具体问题，规范了光荣牌制作、新发、补发、更换、收回、取消和恢复悬挂等全部工作流程，细化了各个环节的操作程序和工作标准。

二、《悬挂工作规定》都包含哪些内容？

《悬挂工作规定》共分为 6 章 35 条，分别为总则、悬挂范围、组织实施、生产制作和分发、监督管理、附则。

第一章总则共包含6条，主要明确光荣牌悬挂工作的目的、定义、适用范围、悬挂原则、职责分工等内容。

第二章悬挂范围共包含5条，主要明确哪些家庭可以悬挂光荣牌，人户分离等情况应当怎样处置等内容。

第三章组织实施共包含10条，主要明确悬挂的工作流程、工作标准、工作方法等问题。

第四章生产制作及分发共包含4条，主要明确光荣牌生产、运输、储存、分发过程的有关要求。

第五章监督管理共包含6条，主要明确对光荣牌的不当使用应当如何处理，对工作人员的要求，以及社会监督等内容。

第六章附则共包含4条，主要对收费、家庭成员的定义、适用条款、生效时间等作出说明。

三、现役军人家庭怎么悬挂？

为现役军人家庭悬挂光荣牌，是指为现役军人本人家庭悬挂。考虑到有些现役军人和父母分居两地、更希望为在家乡的父母悬挂，《悬挂工作规定》明确了“现役军人与父母（抚养人）分户居住的，也可为其父母（抚养人）家庭悬挂一块光荣牌”。

四、是否可以异地悬挂？

光荣牌在对象家庭户籍所在地悬挂。悬挂对象户籍地与常住地不一致的，可尊重对象意愿悬挂。需跨省异地悬挂的，由悬挂对象凭常住证明（居住证或房产证）向户籍所在地县级人民政府退役军人事务部门提出申请，户籍所在地县级人民政府退役军人事务部门核实后开具协办信函。常住地县级人民政府退役军人事务部门核准后，由其常住地退役军人服务中心（站）为其悬挂常住地的光荣牌。

五、如何引导悬挂对象家庭珍视荣誉、规范使用？

为提升悬挂对象家庭对光荣牌的珍视程度，《悬挂工作规定》明确了对光荣牌悬挂对象本人及家庭给予说服教育、督促纠正，取消资格、收回光荣牌的情形，引导悬挂对象家庭珍视荣誉、规范使用光荣牌。

六、对买卖光荣牌等违法违规及不当行为怎样处置？

光荣牌是褒扬为国家、国防和人民牺牲奉献的荣誉载体和象征，应当得到尊重和爱护。《悬挂工作规定》明确任何组织和个人不得买卖、出租、仿制光荣牌，不得将光荣牌用于商业广告、制作商标或者其他商业性用途，不得将光荣牌用于娱乐活动，不得进行丑化、玷污、破坏光荣牌等有损光荣牌形象的活动。退役军人事务部门发现不恰当使用光荣牌的行为，应当依法协同相关部门及时处置。

七、对退役军人事务部门有哪些工作要求？

《悬挂工作规定》明确了各级退役军人事务部门的职责，要求退役军人事务部门以及有关单位的工作人员，在光荣牌悬挂和服务管理工作中应当积极主动、热情周到，对不履行职责并造成严重社会不良影响的，严格问责追责。省级人民政府退役军人事务部门应当设立光荣牌悬挂服务管理监督电话，接受咨询和投诉，建立反馈办理台账，方便社会和服务对象监督。

儿童个人信息网络保护规定

2019 年 8 月 22 日　　　　国家互联网信息办公室令第 4 号

第一条　为了保护儿童个人信息安全，促进儿童健康成长，根据《中华人民共和国网络安全法》《中华人民共和国未成年人保护法》等法律法规，制定本规定。

第二条　本规定所称儿童，是指不满十四周岁的未成年人。

第三条　在中华人民共和国境内通过网络从事收集、存储、使用、转移、披露儿童个人信息等活动，适用本规定。

第四条 任何组织和个人不得制作、发布、传播侵害儿童个人信息安全的信息。

第五条 儿童监护人应当正确履行监护职责，教育引导儿童增强个人信息保护意识和能力，保护儿童个人信息安全。

第六条 鼓励互联网行业组织指导推动网络运营者制定儿童个人信息保护的行业规范、行为准则等，加强行业自律，履行社会责任。

第七条 网络运营者收集、存储、使用、转移、披露儿童个人信息的，应当遵循正当必要、知情同意、目的明确、安全保障、依法利用的原则。

第八条 网络运营者应当设置专门的儿童个人信息保护规则和用户协议，并指定专人负责儿童个人信息保护。

第九条 网络运营者收集、使用、转移、披露儿童个人信息的，应当以显著、清晰的方式告知儿童监护人，并应当征得儿童监护人的同意。

第十条 网络运营者征得同意时，应当同时提供拒绝选项，并明确告知以下事项：

（一）收集、存储、使用、转移、披露儿童个人信息的目的、方式和范围；

（二）儿童个人信息存储的地点、期限和到期后的处理方式；

（三）儿童个人信息的安全保障措施；

（四）拒绝的后果；

（五）投诉、举报的渠道和方式；

（六）更正、删除儿童个人信息的途径和方法；

（七）其他应当告知的事项。

前款规定的告知事项发生实质性变化的，应当再次征得儿童监护人的同意。

第十一条 网络运营者不得收集与其提供的服务无关的儿童个人信息，不得违反法律、行政法规的规定和双方的约定收集儿童个人信息。

第十二条 网络运营者存储儿童个人信息，不得超过实现其收集、使用目的所必需的期限。

第十三条 网络运营者应当采取加密等措施存储儿童个人信息，确保信息安全。

第十四条 网络运营者使用儿童个人信息，不得违反法律、行政法规的规定和双方约定的目的、范围。因业务需要，确需超出约定的目的、范围使用的，应当再次征得儿童监护人的同意。

第十五条 网络运营者对其工作人员应当以最小授权为原则，严格设定信息访问权限，控制儿童个人信息知悉范围。工作人员访问儿童个人信息的，应当经过儿童个人信息保护负责人或者其授权的管理人员审批，记录访问情况，并采取技术措施，避免违法复制、下载儿童个人信息。

第十六条 网络运营者委托第三方处理儿童个人信息的，应当对受委托方及委托行为等进行安全评估，签署委托协议，明确双方责任、处理事项、处理期限、处理性质和目的等，委托行为不得超出授权范围。

前款规定的受委托方，应当履行以下义务：

（一）按照法律、行政法规的规定和网络运营者的要求处理儿童个人信息；

（二）协助网络运营者回应儿童监护人提出的申请；

（三）采取措施保障信息安全，并在发生儿童个人信息泄露安全事件时，及时向网络运营者反馈；

（四）委托关系解除时及时删除儿童个人信息；

（五）不得转委托；

（六）其他依法应当履行的儿童个人信息保护义务。

第十七条 网络运营者向第三方转移儿童个人信息的，应当自行或者委托第三方机构进行安全评估。

第十八条 网络运营者不得披露儿童个人信息，但法律、行政法规规定应当披露或者根据与儿童监护人的约定可以披露的除外。

第十九条 儿童或者其监护人发现网络运营者收集、存储、使用、披露的儿童个人信息有错误的，有权要求网络运营者予以更正。网络运营者应当及时采取措施予以更正。

第二十条 儿童或者其监护人要求网络运营者删除其收集、存储、使用、披露的儿童个人信息的，网络运营者应当及时采取措施予以删除，包括但不限于以下情形：

（一）网络运营者违反法律、行政法规的规定或者双方的约定收集、存储、使用、转移、披露儿童个人信息的；

（二）超出目的范围或者必要期限收集、存储、使用、转移、披露儿童个人信息的；

（三）儿童监护人撤回同意的；

（四）儿童或者其监护人通过注销等方式终止使用产品或者服务的。

第二十一条 网络运营者发现儿童个人信息发生或者可能发生泄露、毁损、丢失的，应当立即启动应急预案，采取补救措施；造成或者可能造成严重后果的，应当立即向有关主管部门报告，并将事件相关情况以邮件、信函、电话、推送通知等方式告知受影响的儿童及其监护人，难以逐一告知的，应当采取合理、有效的方式发布相关警示信息。

第二十二条 网络运营者应当对网信部门和其他有关部门依法开展的监督检查予以配合。

第二十三条 网络运营者停止运营产品或者服务的，应当立即停止收集儿童个人信息的活动，删除其持有的儿童个人信息，并将停止运营的通知及时告知儿童监护人。

第二十四条 任何组织和个人发现有违反本规定行为的，可以向网信部门和其他有关部门举报。

网信部门和其他有关部门收到相关举报的，应当依据职责及时进行处理。

第二十五条 网络运营者落实儿童个人信息安全管理责任不到位，存在较大安全风险或者发生安全事件的，由网信部门依据职责进行约谈，网络运营者应当及时采取措施进行整改，消除隐患。

第二十六条 违反本规定的，由网信部门和其他有关部门依据职责，根据《中华人民共和国网络安全法》《互联网信息服务管理办法》等相关法律法规规定处理；构成犯罪的，依法追究刑事责任。

第二十七条 违反本规定被追究法律责任的，依照有关法律、行政法规的规定记入信用档案，并予以公示。

第二十八条 通过计算机信息系统自动留存处理信息且无法识别所留存处理的信息属于儿童个人信息的，依照其他有关规定执行。

第二十九条 本规定自2019年10月1日起施行。

解读——《儿童个人信息网络保护规定》

李雅文*

2019年8月22日，《儿童个人信息网络保护规定》（以下简称《规定》）公布，自10月1日起正式施行，针对中华人民共和国境内通过网络收集、存储、使用、转移、披露不满14周岁的儿童个人信息进行了规范。

一、主要内容

《规定》的主要内容包括四个方面。

一是针对儿童个人信息的全生命周期提出更为严格审慎的规范原则，并落实在具体规则中。明确儿童个人信息的收集、存储、使用、转移行为应当遵循正当必要、知情同意、目的明确、安全保障、依法利用的原则。

二是进一步明确儿童及其监护人针对儿童个人信息享有的各项权能。包括：在收集、使用、转移、披露环节，儿童监护人的知情权、同意权，及上述环节中相关要素发生实质性变更时的再次授权；儿童及其监护人发现儿童个人信息存在误差时的信息更正权；发现网络运营者违法、违规收集、存储、使用、转移、披露，或撤回同意、停止服务时的信息删除权。

三是明确网络运营者针对儿童个人信息的专门性、特设性保护义务。包括：专条、专员——设置专门的儿童个人信息保护规则和用户协议，指定儿童个人信息保护专员；知情同意——提供更加详细、灵活的用户协议（隐私条款）并以显著、清晰的方式告知监护人并征得监护人同意，且发生实质性变化时需再次征得同意；最小存储——存储儿童个人信息不得超过实现其收集、使用目的所必须的期限，停止运营产品或者服务时应当立即停止收集并删除其持有的儿童个人信息；最小访问——内部工作人员严格按照权限、经过审批访问数据，严控知悉范围、记录访问情况、防止非法获取；泄露及停业通知——

* 中国信息通信研究院互联网法律研究中心研究员。

儿童个人信息发生泄露、毁损、丢失，造成或者可能造成严重后果的，应当报告主管部门，并逐一告知儿童及其监护人或发布公告，停止服务的应当告知监护人；安全存储——存储儿童个人信息应当采取加密等措施；共享、披露限制——涉及向第三方转移儿童个人信息的，需经安全评估，涉及委托第三方处理儿童个人信息的，签署委托协议，规范双方权利义务。

四是自动例外。即通过计算机信息系统自动留存处理信息且无法识别所留存处理的信息属于儿童个人信息的，不需按照本规定操作。

总体来看，《规定》在《网络安全法》等个人信息保护立法一般规则的基础上，针对儿童这一特殊保护主体，规定了更为严格的信息保护义务，赋予儿童及其监护人更为全面、更为有力的权能。

二、亮点解析

从全球儿童个人信息保护总体形势来看，儿童逐步成为隐私泄露和身份盗窃的高危人群。在美国，每年有130万儿童信息被盗用，是成年人的51倍，近年来，澳大利亚、韩国等国家也纷纷出台儿童个人信息保护专门规定，美国也曾讨论修订《儿童在线隐私保护法》（以下简称COPPA），强化未成年人个人信息保护。总体来看，各国儿童数据保护呈加严趋势。

从我国实践情况来看，未成年人的互联网普及率达到93.7%，不满18周岁网民数量高达1.69亿，但普遍缺乏个人信息保护意识，其中11岁以下的儿童对隐私设置的了解较少，11至16岁儿童中仅26%的儿童采取网上隐私保护措施。在此背景下，通过专门规定加强对儿童个人信息的保护是十分必要且有益的，从《规定》的具体内容来看，以下亮点值得深入分析：

（一）保护对象范围的划定

作为专门针对儿童的信息保护规范，《规定》首先需要解决的问题为划定保护对象的范围。《规定》第二条将“儿童”明确为不满14周岁的未成年人。事实上，对于“儿童”的界定，各国根据其文化传统和立法需求存在较大差异，美国COPPA的主要保护对象为13周岁以下的儿童，欧盟《通用数据保护条例》允许各成员国保留设定本国受规定保护儿童年龄的权限——在13至16周岁之间，此外韩国14周岁，澳大利亚13周岁，因此从各国立法规定来看，通常将保护对象限定于13至16岁之间。

回归我国现实情况，一方面，《刑法》第二百六十二条“拐骗儿童罪”已经对“儿童”作出年龄界定——“不满十四周岁的未成年人”；另一方面，随着信息网络的逐渐普及，儿童心智成熟的年龄段普遍提前，14周岁的儿童通常已经具备一定的认知能力，在一定程度上能够判断和把控自身行为，此外，立法还需考虑执法的成本及对互联网产业发展的长远影响，因此从保护立法统一性、合理性、科学性角度出发，将保护对象界定为不满14周岁的未成年人是较为符合我国立法现状、监管需求及产业发展实践的。

（二）知情同意的补全

从《规定》明确的主体权能来看，儿童监护人在儿童信息被收集、存储、使用、转移过程中享有知情同意的权能。从该项权能的来源来看，《民法总则》规定不满8周岁的未成年人，需由监护人代理实施民事法律行为，已满8周岁不满14周岁的，除纯获利益的民事法律行为或者与其年龄、智力相适应的民事法律行为，须经监护人同意、追认。

在此基础上，当涉及《网络安全法》等个人信息保护立法所设置的知情同意规则时，由于不满14周岁的儿童尚不具备完全的民事行为能力，对其自身权利的认知不足，处分自身权益的意思表示存在瑕疵，需要监护人的补全，因此各国普遍在立法中规定了由其监护人代行同意的措施，《规定》也吸收借鉴了上述规则，此外，《规定》还规定了停止服务及信息泄露时的告知义务，确保了监护人及儿童在数据全生命周期事前、事中、事后的知情和决定权能。

（三）分级分类和强化保护

儿童作为特殊主体，一方面由于其心智尚不成熟，对其个人信息的价值及被违法收集、使用的后果缺乏清晰的认知，另一方面，由于儿童本身的自我保护能力不足，难以主动核对其信息的准确性、安全性，一旦信息泄露后也更加容易成为非法侵害的重灾区。因此需要网络运营者采取更加具体、更加有力的措施对其进行专门保护。

知情同意原则的有效性问题长期受到诟病，针对该问题，《规定》细化了告知事项，并提供拒绝同意选项，保障儿童及监护人享有更高的透明度和自由选择权；此外在儿童个人信息的全生命周期，相较于数据流通、共享等自由价值，《规定》更加强调安全、稳定等秩序价值，包括贯穿始终的目的限定、最小够用、访问限制以及及时删除等规则，确保儿童个人信息获得更高程度的安全保障。

（四）例外条款

最后，《规定》设置了例外条款，排除了通过计算机信息系统自动留存处理且无法识别是否儿童的个人信息，减轻了网络运营者对于非主动收集信息的普遍保护义务，但对于其中能够识别为儿童个人信息的，当然仍需适用《规定》，适当地平衡了企业的安全保障义务与合规运行成本。

总体来看，《规定》是在当前形势下，对儿童个人信息保护的有力保障，同时也是有益探索。据悉，相关部门正在研究修订《未成年人保护法》，推动《未成年人网络保护条例》出台，以进一步加强未成年人网络保护，《规定》的实施能够在积累有益经验的基础上，为未来立法的出台贡献力量。

住房和城乡建设部
关于取消部分部门规章和规范性文件设定的证明事项的决定

（2019 年 9 月 16 日）

各省、自治区住房和城乡建设厅，直辖市住房和城乡建设（管）委及有关部门，新疆生产建设兵团住房和城乡建设局：

为贯彻落实党中央、国务院关于减证便民、优化服务的部署要求，住房和城乡建设部决定取消部分部门规章和规范性文件设定的证明事项，相关证明事项自公布之日起取消。

附件：

1. 取消部门规章设定的证明事项目录
2. 取消规范性文件设定的证明事项目录

附件1

取消部门规章设定的证明事项目录

（共36项）

序号	证明事项名称	证明用途	设定依据	取消后的办理方式
1	企业具有相应专业技术人员和管理人员条件的社保证明、劳动合同	企业从事城市生活垃圾经营性处置服务的审批	《城市生活垃圾管理办法》（建设部令第157号，根据住房和城乡建设部令第24号修正）	申请人不再提交，向主管部门作出书面承诺，由主管部门内部核查。
2	权属关系证明材料	申请关闭、闲置或者拆除城市生活垃圾处置设施、场所的核准		申请人不再提交，向主管部门作出书面承诺，由主管部门内部核查。
3	设施丧失使用功能或其使用功能被其他设施替代的证明	申请办理拆除环境卫生设施方案审批		申请人不再提交，向主管部门作出书面承诺，由主管部门内部核查。
4	在公众媒体刊登遗失声明	建筑业企业资质证书遗失补办	《建筑业企业资质管理规定》（住房和城乡建设部令第22号，根据住房和城乡建设部令第32号、第45号修正）	申请人不再提交，由申请人告知资质许可机关，由资质许可机关在官网发布信息。

序号	证明事项名称	证明用途	设定依据	取消后的办理方式
5	固定经营服务场所证明	房地产估价机构备案	《房地产估价机构管理办法》（建设部令第142号，根据住房城乡建设部令第14号、第24号修正）	申请人不再提交，由主管部门根据营业执照确认。
6	固定经营服务场所证明	房地产估价机构备案证书变更		申请人不再提交，由主管部门根据营业执照确认。
7	专职注册房地产估价师证明	房地产估价机构备案		申请人不再提交，向主管部门作出书面承诺，由主管部门内部核查。
8	道路运输经营许可证	申请城市建筑垃圾准运许可	《建设部关于纳入国务院决定的十五项行政许可的条件的规定》（建设部令第135号，根据住房和城乡建设部令第9号、第10号修正）	申请人不再提交，向主管部门作出书面承诺，由主管部门内部核查。
9	消纳场具有相应的摊铺、碾压、除尘、照明等机械和设备以及排水、消防等设施的证明	城市建筑垃圾处置核准		申请人不再提交，向主管部门作出书面承诺，由主管部门内部核查。

序号	证明事项名称	证明用途	设定依据	取消后的办理方式
10	工程造价咨询营业收入的财务审计报告	企业申请工程造价咨询企业资质	《工程造价咨询企业管理办法》（建设部令第149号，根据住房和城乡建设部令第24号、32号修正）	申请人不再提交。
11	税务部门出具的缴纳工程造价咨询营业收入的营业税完税证明	企业申请工程造价咨询企业资质		申请人不再提交，改为上传营业收入发票和对应的工程造价咨询合同扫描件。
12	专职专业人员（含技术负责人）的造价工程师注册证书、造价员资格证书	企业申请工程造价咨询企业资质		申请人不再提交，由主管部门内部核查。
13	专职专业人员（含技术负责人）的人事代理合同	企业申请工程造价咨询企业资质	《工程造价咨询企业管理办法》（建设部令第149号，根据住房和城乡建设部令第24号、32号修正）	申请人不再提交，向主管部门作出书面承诺。
14	企业为专职专业人员交纳的本年度社会基本养老保险费用的凭证	企业申请工程造价咨询企业资质		申请人不再提交，向主管部门作出书面承诺。
15	在公众媒体上声明作废	工程造价咨询企业资质证书遗失补办		申请人不再提交，由申请人告知资质许可机关，由资质许可机关在官网发布信息。

<table>
<tr><th>序号</th><th>证明事项名称</th><th>证明用途</th><th>设定依据</th><th>取消后的办理方式</th></tr>
<tr><td>16</td><td>在公众媒体上声明作废</td><td>建筑施工企业安全生产许可证遗失补办</td><td>《建筑施工企业安全生产许可证管理规定》（建设部令第 128 号，根据住房和城乡建设部令第 23 号修正）</td><td>申请人不再提交，由申请人告知资质许可机关，由资质许可机关在官网发布信息。</td></tr>
<tr><td>17</td><td>执业资格证书复印件</td><td>申请勘察设计注册工程师执业资格初始注册</td><td rowspan="3">《勘察设计注册工程师管理规定》（建设部令第 137 号发布，根据住房和城乡建设部令第 32 号修正）</td><td>申请人不再提交，向主管部门作出书面承诺。</td></tr>
<tr><td>18</td><td>达到继续教育要求的证明材料</td><td>逾期申请勘察设计注册工程师执业资格初始注册和申请延续注册</td><td>申请人不再提交，向主管部门作出书面承诺。</td></tr>
<tr><td>19</td><td>受聘单位的企业资质证书</td><td>申请勘察设计注册工程师执业资格初始注册、延续注册和变更注册</td><td>申请人不再提交，向主管部门作出书面承诺。</td></tr>
<tr><td>20</td><td>相应的从业经历和良好的业绩证明</td><td>市政公用事业特许经营权事项审批</td><td>《市政公用事业特许经营管理办法》（建设部令第 126 号，根据住房和城乡建设部令第 24 号修正）</td><td>申请人不再提交，向主管部门作出书面承诺，由主管部门内部核查。</td></tr>
</table>

序号	证明事项名称	证明用途	设定依据	取消后的办理方式
21	在公众媒体上刊登的遗失声明的证明	注册建筑师注册证书遗失补办	《中华人民共和国注册建筑师条例实施细则》（建设部令第167号）	申请人不再提交，由申请人告知许可机关，由许可机关在官网发布信息。
22	公众媒体上刊登的遗失声明的证明	注册证书或执业印章遗失补办	《注册建造师管理规定》（建设部令第153号发布，根据住房和城乡建设部令第32号修正）	申请人不再提交，由申请人告知许可机关，由许可机关在官网发布信息。
23	执业资格证书复印件	申请一级注册建造师执业资格初始注册		申请人不再提交，向主管部门作出书面承诺。
24	执业资格证书	申请注册监理工程师执业资格初始注册	《注册监理工程师管理规定》（建设部令第147号，根据住房和城乡建设部令第32号修正）	申请人不再提交，向主管部门作出书面承诺。

序号	证明事项名称	证明用途	设定依据	取消后的办理方式
25	工程造价岗位工作证明	申请一级注册造价工程师执业资格初始注册	《注册造价工程师管理办法》（建设部令第150号，根据住房和城乡建设部令第32号修正）	申请人不再提交，向主管部门作出书面承诺。
26	注册造价工程师与原聘用单位解除劳动合同的证明文件	注册造价工程师申请变更注册		申请人不再提交，向主管部门作出书面承诺。
27	在公众媒体上声明作废	注册证书或执业印章遗失补办		申请人不再提交，由申请人告知许可机关，由许可机关在官网发布信息。
28	在公众媒体刊登遗失声明	工程监理企业资质证书遗失补办	《工程监理企业资质管理规定》（建设部令第158号，根据住房和城乡建设部令第24号、第32号、第45号修正）	申请人不再提交，由申请人告知资质许可机关，由资质许可机关在官网发布信息。
29	公共媒体上声明作废	建筑施工企业管理人员安全生产任职资格认定证书遗失补发	《建筑施工企业主要负责人、项目负责人和专职安全生产管理人员安全生产管理规定》（住房和城乡建设部令第17号）	申请人不再提交，由申请人告知许可机关，由许可机关在官网发布信息。

序号	证明事项名称	证明用途	设定依据	取消后的办理方式
30	在公众媒体上发布的遗失声明	注册房地产估价师注册证书遗失补办	《注册房地产估价师管理办法》（建设部令第151号，根据住房和城乡建设部令第32号修正）	申请人不再提交，由申请人告知许可机关，由许可机关在官网发布信息。
31	专业技术人员的名单、职称证书或者执业资格证书及其工作经历的证明材料	招标人自行办理施工招标事宜备案	《房屋建筑和市政基础实施工程施工招标投标管理办法》（建设部令第89号，根据住房和城乡建设部令第43号、第47号修正）	申请人不再提交，向主管部门作出书面承诺。
32	仪器设备的检定、校准证书	证明申报机构具备符合开展检测工作所需的仪器、设备	《建设工程质量检测管理办法》（建设部令第141号，根据住房和城乡建设部令第24号修正）	申请人不再提交，向主管部门作出书面承诺。
33	放弃优先购买权证明（住房保障部门办理）	房地产交易与成交价格申报审核	《城市房地产转让管理规定》（建设部令第45号发布，根据建设部令第96号修正）	申请人不再提交，向主管部门作出书面承诺，由主管部门内部核查。

序号	证明事项名称	证明用途	设定依据	取消后的办理方式
34	排水许可申请受理之日前一个月内由具有计量认证资格的排水监测机构出具的排水水质、水量检测报告	城镇污水排入排水管网许可	《城镇污水排入排水管网许可管理办法》（住房和城乡建设部令第21号）	申请人不再提交，向主管部门作出书面承诺，事后监督检查。
35	在公众媒体上刊登的遗失声明	建设工程勘察设计企业资质证书遗失补办	《建设工程勘察设计资质管理规定》（建设部令第160号，根据住房和城乡建设部令第24号、第32号、第45号修正）	申请人不再提交，由申请人告知许可机关，由许可机关在官网发布信息。
36	在新闻媒体上发布的遗失声明	房地产开发企业办理资质证书遗失补办	《房地产开发企业资质管理规定》（建设部令第77号，根据住房和城乡建设部令第24号、第45号修正）	申请人不再提交，由申请人告知资质许可机关，由资质许可机关在官网发布信息。

附件2

取消规范性文件设定的证明事项目录

（共25项）

<table>
<tr><th>序号</th><th>证明事项名称</th><th>证明用途</th><th>设定依据</th><th>取消后的办理方式</th></tr>
<tr><td>1</td><td>建设工程企业资质申报业绩核查的证明</td><td>建筑业企业资质核准</td><td>《住房城乡建设部办公厅关于加强建设工程企业资质申报业绩核查工作的通知》（建办市〔2012〕36号）</td><td>申请人不再提交，向主管部门作出书面承诺。</td></tr>
<tr><td>2</td><td>军队或高校从事工程勘察的事业编制的注册人员和专业技术人员，所在企业上级人事主管部门的人事证明材料</td><td>工程勘察企业资质审批</td><td>《工程勘察资质标准实施办法》（建市〔2013〕86号）</td><td>申请人不再提交，向主管部门作出书面承诺。</td></tr>
<tr><td>3</td><td>提取业务时纸质申请书（表）</td><td>办理提取业务</td><td rowspan="2">《住房城乡建设部 财政部 人民银行 银监会关于加强和改进住房公积金服务工作的通知》（建金〔2011〕9号）</td><td>申请人不再提交，向主管部门作出书面承诺，由主管部门内部核查。</td></tr>
<tr><td>4</td><td>二手房估价报告</td><td>办理二手房住房公积金贷款</td><td>申请人不再提交，向主管部门作出书面承诺，由主管部门内部核查。</td></tr>
</table>

序号	证明事项名称	证明用途	设定依据	取消后的办理方式
5	企业组织机构代码证书副本复印件	建筑业企业申请部批资质延续	《住房城乡建设部关于建设工程企业资质资格延续审查有关问题的通知》（建市〔2013〕106号）；《建筑业企业资质管理规定和资质标准实施意见》（建市〔2015〕20号）	申请人不再提交，向主管部门作出书面承诺。
6	企业组织机构代码证书副本复印件	建筑业企业首次申请资质	《建筑业企业资质管理规定和资质标准实施意见》（建市〔2015〕20号）	申请人不再提交，向主管部门作出书面承诺。
7	企业组织机构代码证书副本复印件	建筑业企业申请资质延续		申请人不再提交，向主管部门作出书面承诺。
8	企业组织机构代码证书副本复印件	建筑业企业申请重新核定资质		申请人不再提交，向主管部门作出书面承诺。
9	企业组织机构代码证书副本复印件	符合简化审批手续情况的建筑业企业跨省变更		申请人不再提交，向主管部门作出书面承诺。

序号	证明事项名称	证明用途	设定依据	取消后的办理方式
10	企业组织机构代码证书副本复印件	符合简化审批手续情况的建筑业企业合并后申请资质	《建筑业企业资质管理规定和资质标准实施意见》（建市〔2015〕20号）	申请人不再提交，向主管部门作出书面承诺。
11	企业组织机构代码证书副本复印件	符合简化审批手续情况的全资子公司间重组分立后申请资质		申请人不再提交，向主管部门作出书面承诺。
12	企业组织机构代码证书副本复印件	符合简化审批手续情况的国有企业改制重组分立后申请资质		申请人不再提交，向主管部门作出书面承诺。
13	企业组织机构代码证书副本复印件	符合简化审批手续情况的企业外资退出		申请人不再提交，向主管部门作出书面承诺。
14	企业章程	建筑业企业资质简单变更		申请人不再提交，向主管部门作出书面承诺。

序号	证明事项名称	证明用途	设定依据	取消后的办理方式
15	工程设计企业原工商注册地省、自治区、直辖市人民政府建设主管部门同意资质变更的书面意见	工程设计企业办理跨省资质变更	《住房城乡建设部关于建设工程企业发生重组、合并、分立等情况资质核定有关问题的通知》（建市〔2014〕79号）	申请人不再提交。
16	工程勘察企业原工商注册地省、自治区、直辖市人民政府建设主管部门同意资质变更的书面意见	工程勘察企业办理跨省资质变更		申请人不再提交。
17	遵守国家法律、职业道德及工作业绩证明	一级注册结构工程师资格考试报名	《关于一九九七年全国一级注册结构工程师资格考试及有关工作的通知》（建设〔1997〕233号）	申请人不再提交，向主管部门作出书面承诺。
18	经省级注册管理部门批准的注册建造师初始注册或变更注册材料（新企业无资质的）	建筑业企业资质核准	《关于新设立建筑业企业注册建造师认定的函》（建市监函〔2007〕86号）	申请人不再提交，向主管部门作出书面承诺。

序号	证明事项名称	证明用途	设定依据	取消后的办理方式
19	解除聘用劳动合同的证明，或近一个月的社保证明复印件；军队或高校从事工程勘察的事业编制的注册人员和专业技术人员，所在企业上级人事主管部门的人事证明材料	工程设计企业资质审批	《建设工程勘察设计资质管理规定实施意见》（建市〔2007〕202号）；《工程勘察资质标准实施办法》（建市〔2013〕86号）	申请人不再提交，向主管部门作出书面承诺。
20	企业章程或合伙人协议文本复印件（建筑工程设计事务所除外）	建设工程勘察设计企业申请资质首次申请、增项、升级和延续，勘察设计企业资质证书变更		申请人不再提交，向主管部门作出书面承诺。
21	注册执业人员注册证书	建设工程勘察设计企业申请增项、升级和延续，勘察设计企业资质证书变更		申请人不再提交，向主管部门作出书面承诺。
22	1. 租住公共租赁住房的，家庭收入证明；2. 租住商品住房的，房屋租赁合同、租金缴纳证明和家庭收入证明	租房提取公积金	《关于加强和改进住房公积金服务工作的通知》（建金〔2011〕52号）	申请人不再提交，向主管部门作出书面承诺，由部门内部核查。

序号	证明事项名称	证明用途	设定依据	取消后的办理方式
23	社保证明	申请注册监理工程师执业资格初始注册、延续注册和变更注册		申请人不再提交，向主管部门作出书面承诺。
24	聘用单位新名称的营业执照	申请注册监理工程师执业资格变更注册	《注册监理工程师注册管理工作规程》（建市监函〔2017〕51号）	申请人不再提交，向主管部门作出书面承诺。
25	聘用单位新名称的工商核准通知书扫描件	申请注册监理工程师执业资格变更注册		申请人不再提交，向主管部门作出书面承诺。

财政部办公厅　农业农村部办公厅

关于支持做好稳定生猪生产保障市场供应有关工作的通知

2019年9月3日　　　　财办农〔2019〕69号

各省、自治区、直辖市、计划单列市财政厅（局）、农业农村（农牧、畜牧兽医）厅（委、局），新疆生产建设兵团财政局、农业农村局：

为贯彻落实党中央、国务院关于稳定生猪生产保障市场供应的部署要求，中央财政决定进一步采取措施，促进生猪生产、保障市场供应、维护经济稳定。现将有关事项通知如下。

一、切实落实好非洲猪瘟强制扑杀补助政策

因非洲猪瘟疫情强制扑杀生猪（含人工饲养野猪）的补助工作，继续按照《财政部 农业农村部关于做好非洲猪瘟强制扑杀补助工作的通知》（财农〔2018〕98号）有关要求执行。同时，进一步完善补助经费发放方式，由现行按年度结算调整为每半年结算发放一次，中央和省级财政资金下达后，县市要加快补助资金拨付进度，在三个月内将补助资金给付到位，切实减轻养殖场（户）垫资压力。

二、完善种猪场、规模猪场临时贷款贴息政策

《农业农村部办公厅 财政部办公厅关于做好种猪场和规模猪场流动资金贷款贴息工作的通知》（农办计财〔2019〕30号）实施期限延长至2020年12月31日，在延长期限内，适当扩大贴息范围，将符合农办计财〔2019〕30号文件规定的种猪场、规模猪场用于新建、改扩建猪场的建设资金纳入支持范围，缓解养猪企业流动和建设资金压力，稳定生猪产能。贴息比例等有关要求继续按农办计财〔2019〕30号文件规定执行。

三、加大生猪调出大县奖励力度

2019年中央财政适当增加生猪调出大县奖励资金规模，调动地方尽快将增产潜力转化为实际生产能力。奖励资金用途按《生猪（牛羊）调出大县奖励资金管理办法》实施，重点支持生猪生产发展、动物疫病防控和流通基础设施建设。

四、提高生猪保险保额

暂时提高能繁母猪、育肥猪保险保额，将能繁母猪保额从1000－1200元增加至1500元、育肥猪保额从500－600元增加至800元，扩大育肥猪保险规模，进一步增强生猪养殖风险抵御能力，调动生猪养殖场（户）恢复生猪生产的积极性。政策实施期限自2019年5月1日起至2020年12月31日。之后，结合《中央财政农业保险保费补贴管理办法》修订情况统筹研究后续实施期限问题。

五、支持实施生猪良种补贴等政策

2019 年支持生猪养殖大县，通过农业生产发展资金调结构对购买使用良种猪精液进行补贴，推广人工授精技术。补贴对象为使用良种猪精液开展人工授精的母猪养殖场（户），补贴标准每头能繁母猪年补贴额不超过 40 元。同时，各地要立足现有资金渠道，支持畜牧大县生猪运输车辆洗消中心建设等。

六、强化省级财政统筹力度

各省级财政要严格按照省负总责的要求，切实加大生猪稳产保供支持力度，支持做好非洲猪瘟疫情防控、生猪生产、市场供应等相关工作。要强化省级财政的统筹作用，对非洲猪瘟防控经费保障、落实稳定生猪生产、强制扑杀补助等政策措施确有困难的县市，可降低或取消县市财政承担比例，确保中央与地方扶持措施落地生根。农业农村部门要加强组织实施，切实将政策落到实处，促进资金规范、安全和有效使用。

[新类型疑难案例选评]

殷某某诉江苏省海门市交通运输局网约车经营行政处罚案

张志新　殷　勤*

【裁判要旨】

《网络预约出租汽车经营服务管理暂行办法》（以下简称《网约车管理办法》）在《道路运输条例》规定的道路运输经营许可、车辆营运许可、机动车驾驶许可范围内，可以对网约车经营条件、网约车和驾驶员资质等作出具体规定，并可以对违反相应网约车经营许可的行为设定警告、一定数额罚款的行政处罚。根据《网约车管理办法》第三十四条，司机未取得网络预约出租汽车运输许可和驾驶许可从事网约车经营的，应予以警告并罚款的行政处罚。平台公司未经审核驾驶员及车辆是否具备资质即允许接入平台、提供买卖需求信息、促成交易的，可能存在违反《网约车管理办法》情形，行政机关宜结合网约车监管实际和公共利益需要，在适当时机以适当方式实施必要管理，以实现妥当性规制的目的。

【基本案情】

原告（上诉人）：殷某某。

被告（被上诉人）：江苏省海门市交通运输局（以下简称海门市交通局）。

* 作者单位：江苏省南通市中级人民法院。

原告殷某某诉称：殷某某根据滴滴平台公司网上派单实施案涉交通运输服务，海门市交通局应当首先对滴滴平台公司存在的违法行为进行行政处罚，海门市交通局仅处罚殷某某属于选择性执法，显失公正，且也存在以罚代管情形。请求撤销海门市交通局作出的行政处罚决定。

被告海门市交通局辩称：殷某某未取得网约车经营许可擅自从事网约车经营活动，依法应予行政处罚，被诉行政处罚程序合法，适用法律正确，请求驳回殷某某的诉讼请求。

法院经审理查明，2018 年 1 月 24 日，殷某某接到滴滴平台派单，驾驶苏牌小型轿车接乘客由海门市汽车站至海门速 8 酒店，乘客刚上车即被执法人员查获，因乘客取消行程，未产生运费。经海门市交通局立案调查，殷某某未取得网络预约出租汽车驾驶员证，所驾驶车辆未取得网络预约出租汽车运输证。同月 29 日，海门市交通局作出海门交道罚字〔2018〕第 00009 号行政处罚决定书，认定殷某某于 2018 年 1 月 24 日未取得经营许可，擅自从事网约车经营活动，依据《网约车管理办法》第三十四条第（一）项之规定，决定对殷某某给予警告、罚款 1 万元的行政处罚并责令立即改正。殷某某提起行政诉讼，请求撤销该行政处罚决定。

【审判结果】

江苏省南通市经济技术开发区人民法院经审理认为，本案殷某某未取得网络预约出租汽车驾驶员证、所驾车辆未取得网络预约出租汽车运输证，海门市交通局认定殷某某未取得经营许可擅自从事网约车经营活动，认定事实清楚。海门市交通局经立案调查、集体讨论，告知拟作出行政处罚的事实、理由和依据，听取陈述申辩后，作出行政处罚决定并送达，行政程序合法。海门市交通局考虑到殷某某属违章初次被查获且能主动配合调查、主动消除违法后果，决定从轻处警告、罚款 1 万元的行政处罚，已经综合考虑了违法性质、违法情节和社会危害性，体现了“过罚相当”。滴滴公司作为网约车平台公司，与殷某某作为网约车驾驶员属不同性质的行为主体，殷某某提出应对滴滴公司进行处罚，不属本案审查范围。因此，判决驳回殷某某的诉讼请求。

殷某某不服一审判决，向江苏省南通市中级人民法院提起上诉。江苏省南通市中级人民法院经审理认为，《网约车管理办法》在《道路运输条例》设定的道路运输经营许可、车辆营运许可和机动车驾驶许可等许可事项范围内，对网约车平台公司、网约车辆、网约车驾驶员相关道路运输经营许可、营运许可和驾驶许可作出具体规定，不与上位法相抵触。根据《网约车管理办法》第三十四条规定，未取得经营许可擅自从事或者变相从事网约车经营活动的，由县级以上出租汽车行政主管部门责令改正，予以警告，并处以1万元以上3万元以下罚款。本案殷某某于2018年1月24日经滴滴平台派单，由海门市汽车站接乘客至海门速8酒店，运输当时即被执法人员查获，同时查明殷某某未取得网络预约出租汽车运输证、网络预约出租汽车驾驶员证，海门市交通局经履行相应行政程序后，作出给予警告，罚款1万元并责令立即改正的行政处罚，与案涉违法行为的事实、性质、情节以及社会危害程度相当，不存在显失公正情形。本案滴滴平台没有审核殷某某及所属车辆是否具备相应资质即允许接入平台，还提供买卖需求信息，完成信息匹配，促成供需双方达成交易，可能存在违反《网约车管理办法》情形。考虑到对平台公司实施处罚的程序复杂性以及执法成本，行政机关结合案涉违法事实，可以在对驾驶人员实施行政处罚的同时，依法暂不对平台公司实施相应行政处罚，但仍宜结合网约车监管实际和公共利益需要，在适当时机、以适当方式实施更有效率的行政管理，以实现妥当性规制的目的，保证《网约车管理办法》正确有效实施。因此，南通市中级人民法院判决驳回上诉，维持原判。

［评析］

网约车新规在行政审判中的参照适用

本案主要涉及三个方面的问题，一是在行政许可法框架下，《网约车管理办法》作为部门规章，能否对网约车经营设定行政许可，以及对违反相应行政许可设定行政处罚；二是基于解释论和行政裁量论，对网约车驾驶员未取得经营许可即实施网约车经营行为，是否以及如何实施行政处罚；三是在共享经济结构中，网约车平台公司的作用是如何体现的，又应当如何规制，以及在对新经济形态的规制中，司法和行政应当保持何种关系。

一、《网约车管理办法》能否设定与网约车经营相关的行政许可及对违反行政许可设定行政处罚

行政诉讼中，规章作为参照适用依据是否合法有效，需由人民法院审查确

定。《网约车管理办法》规定了网约车运输许可、网约车驾驶许可等许可条件，行政机关则以行为人未取得上述许可从事网约车经营作出被诉处罚决定。由于《网约车管理办法》属于规章，因而审查被诉处罚决定是否合法，就需要审查《网约车管理办法》设定网约车运输许可、驾驶许可等条件以及违反许可设定行政处罚是否合法有效，能否作为参照适用的依据。

具体而言，一是审查是否属于在上位法设定的行政许可事项范围内，对实施该行政许可作出的具体规定；二是审查是否与上位法相抵触。由于《国务院办公厅关于深化改革推进出租汽车行业健康发展的指导意见》明确将出租汽车服务规定为包含巡游、网络预约等方式，因而政策上网络车仍属于出租汽车行业。而结合国务院《对确需保留的行政审批项目设定行政许可的决定》规定，出租汽车经营资格证、车辆运营证和驾驶员客运资格证核发仍属确需保留且符合行政许可法第十二条规定事项的行政审批项目，由县级以上地方人民政府出租汽车行政主管部门具体实施。同时，虽然《网约车管理办法》第一条仅概括表述为"根据国家有关法律、行政法规，制定本办法"，但结合网约车经营在政策上定位于出租汽车经营，属于城市交通运输服务，以及《道路运输条例》第二条有关"从事道路运输经营以及道路运输相关业务的，应当遵守本条例，道路运输经营包括道路旅客运输经营和道路货物运输经营"的规定，可以明确《道路运输条例》作为《网约车管理办法》上位法的法源地位。

《道路运输条例》第八条第一款第（一）项规定，申请从事客运经营的，应当有与其经营业务相适应并经检测合格的车辆；《网约车管理办法》第十二条具体规定了拟从事网约车经营车辆的条件。由于《道路运输条例》第八条仅概括规定了客运经营车辆应当与其经营业务相适应并经检测合格，因而《网约车管理办法》第十二条根据《道路运输条例》第八条的概括规定，对从事网约车经营车辆的条件作出具体规定，并不与上位法相抵触。

对道路客运车辆驾驶人员许可条件，《道路运输条例》第八条第一款第（二）项仅规定"有符合本条例第九条规定条件的驾驶人员"，并在第九条作了具体规定，《网约车管理办法》第十四条则规定了相应从事网约车经营驾驶员的条件。对比《道路运输条例》第九条和《网约车管理办法》第十四条可以发现，《网约车管理办法》分别将《道路运输条例》规定的"取得相应的机动车驾驶证"细化为"取得相应准驾车型机动车驾驶证并具有3年以上驾驶经历”，将“3年内无重大以上交通责任事故记录”细化为“无交通肇事犯罪、危险驾驶犯罪记录，无吸毒记录，无饮酒后驾驶记录，最近连续3个记分周期内没有记满12分记录”。此外，《网约车管理办法》还增加了“无暴力犯罪记录”的规定。显然，《网约车管理办法》规定的网约车驾驶员资格条件，较之《道路运输条例》规定更为严密，但并不能认为《网约车管理办法》即属于超出上位法增设行政许可。区别于传统出租车经营，网约车经营在车辆和驾驶人员接入专车平台便捷性以及平台匹配供需信息不对称性等方面明显不同，而碍于当时的信息技术条件，《道路运输条例》制定时，立法者还不可能考虑到未来网约车经营及其规制问题。但是，新兴的网约车并不会自动阻断风险，相反，在规制尚未健全时，还可能形成新的更大的风险。因而，为了防范风险，保障乘客的人身、财产安全，对网约车驾驶员从业资格标准，设定较之传统出租车或者道路旅客运输更严格的标准，是无可厚非的。因此，参照《道路运输条例》第八条第一款第（一）项立法技术，应当对《道路运输条例》第八条第一款第（二）项“有符合本条例第九条规定条件的驾驶人员”作目的性扩张，即解释为“应当有与其经营业务相适应的驾驶人员”。同时，就《道路运输条例》第八条第一款第（二）项与第九条规定的关系而言，前者就不仅仅是转介条款，而应当视为不完全规范，即第八条第一款第（二）项仅对道路旅客运输的驾驶人员条件作了概括性规定，第九条则对传统道路旅客运输的驾驶人员条件作了具体规定，而对新经济形态下的驾驶人员条件，则留待新法对第八条第一款第（二）项具体规定。因此，在《网约车管理办法》没有对网约车驾驶员资格设定显而易见的错误条件或者明显考虑了不相关因素时，对《网约车管理办法》相关规定仍应予以肯定，即认为与上位法不相抵触。

此外，根据行政处罚法第十二条第二款规定，尚未制定法律、行政法规的，国务院部、委员会制定的规章对违反行政管理秩序的行为，可以设定警告或者一定数量罚款的行政处罚。由于《道路运输条例》没有针对违反网约车经营许可的行为设定行政处罚作出具体规定，因而《网约车管理办法》第三十四条、第三十五条分别对未取得行政许可的网约车驾驶员及网约车平台公司设定相应警告、罚款的行政处罚，也不违反上述规定精神。

二、案涉行政处罚是否显失公正

《网约车管理办法》第十二条、第十四条分别规定了从事网约车经营的车辆及驾驶员应当符合的具体条件；第十三条规定：服务所在地出租汽车行政主管部门依车辆所有人或者网约车平台公司申请，按第十二条规定的条件审核后，对符合条件并登记为预约出租客运的车辆，发放网络预约出租汽车运输证；第十五条规定，服务所在地设区的市级出租汽车行政主管部门依驾驶员或者网约车平台公司申请，按第十四条规定的条件核查并按规定考核后，为符合条件且考核合格的驾驶员，发放网络预约出租汽车驾驶员证。同时，第三十四条规定，未取得经营许可擅自从事或者变相从事网约车经营活动的，由县级以上出租汽车行政主管部门责令改正，予以警告，并处以1万元以上3万元以下罚款。

依法裁判的首要要义是依规则裁判，即法律语义清晰、明确时，只需要根据法律规则的字面意思理解和适用法律，而并不存在需要考虑法律如何作出规定的背景理由问题，除非适用法律存在明显不公正情形。同时，根据依法行政的基本要求，没有法律、法规和规章的规定，行政机关不得作出影响行政相对人合法权益或者增加行政相对人义务的决定；而根据反对解释，在法律、法规和规章已经规定对违反行政管理秩序的行为应当给予行政处罚的，行政机关则一般应当遵照法律规定和法定程序，作出行政处罚，以体现类似情形相同处理。

结合上述规定，网约车驾驶员未取得网络预约出租汽车运输证、网络预约出租汽车驾驶员证从事网约车经营活动的，县级以上出租汽车行政主管部门虽然在具体处罚幅度上具有裁量权限，但在处罚种类选择上并没有裁量权限，即此时行政机关依法应当作出责令改正、予以警告和罚款的行政处罚。本案殷某某于2018年1月24日经滴滴平台派单，由海门市汽车站接乘客，运输当时即被执法人员查获，同时查明殷某某未取得网络预约出租汽车运输证、网络预约出租汽车驾驶员证。由于殷某某的行为较明显符合《网约车管理办法》第三十四条有关未取得经营许可从事网约车经营活动应予实施行政处罚的规定，海门市交通局经履行相应行政程序后，作出给予警告，罚款1万元并责令立即改正的行政处罚，该处罚依法定的处罚种类和处罚幅度下限而作出，并不存在明显不公正之处，即应当认为与案涉违法行为的事实、性质、情节以及社会危害程度相当。

三、对网约车平台公司是否以及如何实施行政处罚

共享经济交易结构较之传统的“商家——消费者”或者“买方——中介

——卖方”模式，有明显区别。在共享经济中，平台负责提供买卖需求的信息，并完成供需双方信息的匹配；供需双方通过平台设计的格式合同、价格条款达成交易；平台则收取一定的交易分成。因而，平台作为第三方，与合同相对方中的任何一方都有着明显界分，鉴于平台在交易中的作用和控制力，对共享经济实施有效率的监管就必然包含对平台的监管，如此方能体现政府规制对社会实践的适应性。

对此，《深化改革推进出租汽车行业健康发展的指导意见》即指出，网约车平台公司是运输服务的提供者，承担承运人责任和相应社会责任，提供网约车服务的驾驶员及其车辆，应符合提供载客运输服务的基本条件。根据《网约车管理办法》第十六条、第十七条、第十八条、第二十四条等规定，网约车平台公司承担承运人责任，应当保证运营安全，保障乘客合法权益；应当保证提供服务车辆具备合法营运资质，保证线上提供服务的车辆与线下实际提供服务的车辆一致；应当保证提供服务的驾驶员具有合法从业资格；应当记录驾驶员、约车人在其服务平台发布的信息内容、用户注册信息、身份认证信息、订单日志、上网日志、网上交易日志、行驶轨迹日志等数据并备份；应当加强安全管理，落实运营、网络等安全防范措施。《网约车管理办法》第三十五条还规定，网约车平台公司存在提供服务车辆未取得网络预约出租汽车运输证，或者提供服务驾驶员未取得网络预约出租汽车驾驶员证，或者未按照规定保证车辆技术状况良好等情形的，县级以上出租汽车行政主管部门等依法对网约车平台公司实施行政处罚。

同时，根据体系解释，在网约车经营过程中，对于网约车驾驶员和网约车平台公司可能存在的同一违法事实或者可能实施的共同违法行为，由于《网约车管理办法》第三十四条、第三十五条已经分别规定了对网约车驾驶员和对网约车平台公司实施行政处罚，因而可以认为，立法者赋予了县级以上出租汽车行政主管部门针对相关违法事实，对网约车驾驶员和网约车平台公司分别处理的决定裁量权。申言之，县级以上出租汽车行政主管部门基于同一违法事实，可以根据行政管理实践的需要，综合相关需要考虑的因素，分别决定对网约车驾驶员和网约车平台公司实施行政处罚，而不必须同时分别或者共同对网约车驾驶员以及网约车平台公司实施行政处罚。

不可否认，本案殷某某未取得网络预约出租汽车运输证、网络预约出租汽车驾驶员证即接入滴滴平台经营网约车，而滴滴平台既未履行法定的保证提供服务车辆具备合法营运资质、保证提供服务的驾驶员具有合法从业资格义务，还允许殷某某接入平台，提供买卖需求信息，完成供需双方信息匹配，促成供需双方达成交易，如果殷某某收取一定的服务费用，滴滴平台也将收取一定的分成。就此而言，滴滴平台即可能存在违反《网约车管理办法》规定情形。显然，加大对滴滴平台的监管和规制力度，更匹配共享经济特征，也更能提升依法治理效果。但基于对平台公司实施行政处罚在行政程序上的复杂性，以及行政执法成本的考虑，海门市交通局结合案涉违法事实，可以在对殷某某实施行政处罚的同时，暂不予对滴滴平台公司实施行政处罚，而法院出于对行政首次判断权的尊重，对海门市交通局此种决定裁量，亦应尊重。但是，这并不表明行政机关可以放松管制不对平台公司实施行政处罚，相反，行政机关应当结合网约车监管实际和公共利益需要，选择在适当时机、以适当方式实施更有效率的行政监管，以保证《网约车管理办法》正确有效实施，并实现对网约车经营的妥当性规制。

政策作为行政活动的指引，经常是具体行政制度变革的前奏和先锋。在行政诉讼的实践中，是否符合国家政策和社会公共利益，可能会成为是否违法的实际考量因素，即可能需要借助政策合法性和实效性的过程，看待行政活动本身的合法性和有效性。

现代信息技术发展引起了经济结构的变迁，形成了新的共享经济模式，其间也交织新的政策与法律问题。就网约车行政管理及其争议，一方面，这种新型经济结构和经营模式，是否属于对传统出租车经营的合法性竞争，或者已经构成应予补偿的管制性公益征收？另一方面，是否以及应当如何纳入管制？是进行强制性制度变迁从而重构一套新的管制规则，还是仅改良现有规则，使之与传统经营模式共享一套管制原则？显然，在正式立法之前，这些都需要政府首先在政策上加以权衡和作出回应。

《网约车管理办法》是我国将网约车正式纳入管制的政策性尝试。在《网约车管理办法》出台之前，司法审查主要聚焦于应否实施行政处罚，即在观念上因应社会需要和偏好，将对网约车的处罚视为遏制其发展的方式，而发展出经由比例原则严格审视行政行为合法性的裁判路径。此种基于原则（社会偏好）的指导控制模式，有利于形成一种对共享经济的开放包容态度和创新友好理念，并促进其发展。但近来，网约车经济本身的结构性缺陷逐渐显现，引发了一些恶性事件，而其价格优势又趋于消散，社会对网约车的态度亦有所变化，即承认网约车作为一种新兴事物，并非法外之地，而仍要接受必要管制。此背景下，《网约车管理办法》对网约车表达出一种既友好又监管的立法旨趣，其将网约车与传统出租车一并归入出租车行业管理，也能够兼顾到传统出租车驾驶员的利益，对市场产生较少冲击。

基于政策上充分尊重的态度，区别于既往裁判，本案裁判更倾向立足于《网约车管理办法》的规则本身，聚焦于如何规制，形成一种基于规则的命令控制模式。即在现行法规范体系的框架下，更多关注《网约车管理办法》第二章、第三章规定的网络预约出租汽车经营许可、网络预约出租汽车运输许可、网络预约出租汽车驾驶许可，以及第六章规定的警告、罚款的行政处罚，是否存在与上位法相抵触情形，是否可以作为规制的合法有效的工具，关注与网约车经营作为共享经济相匹配的规制路径，认为对平台的规制才是更有效率的规制。与此同时，考虑到对网约车平台实施规制的成本以及规制的有效性这一现实维度，裁判也表现得更为谦抑，对行政机关基于其政策和专业优势作出的判断给予了更多尊重。

M公司诉D工商局工商行政登记案

刘　义*

【基本案情】

M公司于2013年7月4日经C县D工商局核准开业登记，2014年10月29日，公司委托文某到D工商局办理股权转让及法定代表人变更登记，将公司法定代表人变更为文某。D工商局于2014年11月11日核准了该变更登记。2016年12月22日，该公司财务负责人林某在文某不知情的情况下到D工商局办理了法定代表人、章程和股东出资金额备案等的变更登记，公司法定代表

* 作者单位：中国政法大学。

人执行董事、经理变为张某，D 工商局于 2016 年 12 月 22 日核准了该变更登记。文某于 2017 年 8 月 20 日在国家企业信用信息公示系统中，发现 D 工商局对公司的投资人等事项进行了变更和备案。后经档案查询发现工商资料中的公司股东会决议和股权转让协议书上不是文某本人签字，遂提起行政诉讼，要求撤销 D 工商局作出的工商变更登记行为，诉讼中文某提出对公司股东会决议及两份股权转让协议书中是否系其签名申请进行鉴定，结论为非文某所写。

【审判结果】

一审法院认为，D 工商局没有进行实质审查，作出的工商行政变更登记事实认定不清、主要证据不足，判决依法予以撤销。D 工商局不服，提起上诉。二审法院认为，D 工商局对提交的申请变更资料的真实性具有实质性审查的法定义务，于 2018 年 7 月 25 日判决驳回上诉，维持原判。

【争议焦点】

本案的争议焦点为：一是本案林某提交的变更申请材料是否真实？二是 D 工商局对林某提交的申请变更资料的真实性是否具有实质审查的法定义务也即 D 工商局作出的变更登记行为是否合法？

[评析]

对行政登记所采审查标准的几点思考

一、对争议焦点的法律分析

（一）本案林某提交的变更申请材料是否真实

此案经过文某申请，法院委托专业鉴定机构对申请事项上书写的“文某”签名字迹进行鉴定，鉴定意见为非文某所写，法院对该鉴定意见的真实性和合法性也已经予以采信，通过该证据可以认定，林某向 D 工商局提交的变更申请资料系虚假材料。

（二）工商局对变更登记申请人提交的申请变更资料的真实性是否具有实质性审查的法定义务

无论是受理程序还是审核程序，都涉及登记机构审查的标准问题。对此，实践中历来存在着形式审查和实质审查之争。笔者检索了中国裁判文书网，输入关键词为实质审查、行政案件、行政登记，检索到裁判文书截至2018年12月13日为3116份；同期，输入关键词为实质审查、行政案件、行政登记、一审、二审、再审，检索到裁判文书分别为1557份、1428份和86份，再审中涉及工商局行政登记的为11份。笔者经过梳理发现，工商局对行政许可申请人提交的申请变更资料的真实性无一例外地采形式审查标准，但法院采取的主要由两种标准三种处理模式，即采取形式审查和实质审查并重，判决撤销工商局的行政行为，也有采取形式审查标准，确无违法行政行为的驳回行政相对人的诉讼请求，还有采取形式审查标准，发现行政行为违法，判决确认行政行为违法，有撤销内容的依法予以撤销。

1. 形式审查和实质审查并重标准——行政行为多被撤销

根据《中华人民共和国行政许可法》第三十四条规定："行政机关应当对申请人提交的申请材料进行审查。申请人提交的申请材料齐全、符合法定形式，行政机关能够当场作出决定的，应当当场作出书面的行政许可决定。根据法定条件和程序、需要对申请材料的实质内容进行核实的，行政机关应当指派两名以上工作人员进行核查。"另根据国家工商行政管理总局令第9号《企业登记程序规定》第三条规定："企业登记机关依法对申请材料是否齐全、是否符合法定形式进行审查。根据法定条件和程序，需要对申请材料的实质内容进行核实的，依法进行核实。"据上述规定，行政机关对申请材料的审查，即包括形式审查又包括实质性审查，实质性审查不仅要对申请材料的要件是否具备进行审查，还要对申请材料的实质内容是否符合条件进行审查。而实质性内容审查应包括审查申请人提供的材料是否真实，是否存在提供虚假材料、隐瞒有关情况而采取欺骗手段取得行政许可等内容。故D工商局对林某提交的申请变更资料的真实性具有实质性审查的法定义务①，本案一、二审法院均坚持形式审查和实质审查并重标准。

反对意见认为，前述规定正表明只要是申请人提交的申请材料齐全、符合法定形式，行政机关即可作出行政许可决定，即行政机关对申请材料是形式审查；行政机关对申请材料的实质内容进行核查的前提条件是"根据法定条件和程序"，经查现行所有的法律、法规、规章，并未发现有上述"法定条件和

① 详见河北省承德市中级人民法院（2018）冀08行终110号行政判决书。

程序”，即行政机关对申请材料进行实质审查是有条件的，即形式审查是无条件的，而实质审查是有条件的。行政诉讼以审查行政行为的合法性为主旨，在没有法定条件和证据证明需要行政机关对申请材料进一步核实进行实质审查的情况下，行政机关不能给申请人附加条件（比如要求申请人股东到场签字等）进行实质审查，否则行政机关就涉嫌滥用职权违法增加行政许可申请人义务。如果确实在诉讼中发现了申请材料存在虚假现象，应判决责令相关登记机关履行更正职责予以更正，行政机关亦应根据相关法规对提交虚假材料的申请人予以行政处罚。

2. 形式审查标准——不支持变更登记利害关系人请求

根据2001年3月15日原国家工商行政管理总局工商企字（2001）第67号《关于登记主管机关对申请人提交的材料真实性是否承担相应责任问题的答复》规定，登记机关的责任是对申请人提交的有关材料和证明文件是否齐全，以及申请材料和证明及其记载的事项是否符合有关登记管理法律法规的规定进行审查，而无须对申请人提交材料的真实性承担责任。《中华人民共和国行政许可法》第三十一条及《企业登记程序规定》第八条均规定，申请人应对其申请材料的实质内容的真实性负责。2004年6月10日国家工商行政管理总局令第9号公布的《企业登记程序规定》第九条第一款规定“登记机关收到登记申请后，应当对申请材料是否齐全、是否符合法定形式进行审查”，第三条规定：“企业登记机关依法对申请材料是否符合法定形式进行审查。根据法定条件和程序，需要对申请材料的实质内容进行核实的，依法进行核实。”

对于变更登记中提交材料的签名，法律法规并没有规定投资人或企业负责人必须到场亲自在申请书上签名，登记机关也没有核实申请书中的所有署名是否是署名人本人笔迹的义务，工商局通过正常的审查，不可能加以甄别判断。提交的申请书加盖了企业公章，应当视为得到了申请公司的认同，即便申请书中签名是第三人代写的，也不影响申请书的效力。①

3. 形式审查标准——工商局发现违法行为而不撤销的区别评价

虽然采取形式审查标准，但若经行政相对人或利害关系人申请后，工商局发现了违法行为仍然不启动程序撤销的，一旦诉至法院，裁判者对无撤销内容

---

① 详见山东省烟台市中级人民法院（2013）烟行再终字第2号行政判决书、浙江省高级人民法院（2017）浙行申364号行政裁定书、浙江省高级人民法院（2017）浙行申428号行政裁定书。

的，判决确认行政行为违法，有撤销内容的，判决确认行政行为违法并予以撤销。

除前述肯定形式审查的规定外，根据2005年修订的《公司登记管理条例》和《企业登记程序规定》等相关行政法规的规定，工商局在办理公司登记时只需要进行形式审查。但是，即便工商局作出该工商登记行为的材料齐全、符合法定形式，工商局已经履行了形式审查的义务，在确有证据证明被诉工商局作出的工商登记行为所依据的材料是虚假或错误时，也应确认违法。[①]根据《中华人民共和国行政诉讼法》第七十四条第二款第一项的规定，"行政行为有下列情形之一的，不需要撤销或者判决履行的，人民法院判决确认违法：（一）行政行为违法，但不具有可撤销内容的"，对该登记行为依法不应予以撤销。如股权变更登记中，对已善意取得的股权，再无可撤销的内容。

二、工商局采取实质审查标准须有法律明确规定或确为必要

笔者比较认同最后一种标准及处理模式，即工商局采取实质审查标准须有法律明确规定或确为必要，普遍采用的形式审查标准应得到支持。笔者虽不认同将工商局的变更登记行为归为行政许可，如《中华人民共和国公司法》第三十二条第三款规定，即便公司股东变更不进行变更登记，也不影响民事法律行为的效力，采登记对抗主义，非为行政许可；商事登记制度改革的目标是将工商登记定性为对市场主体资格的一种确认并向社会公示。但举重以明轻，目前部门规章及地方性法规已有行政许可形式审查的具体规定，尚无法律及行政法规对此予以明确，在规范性法律文件未明确规定行政机关必须进行实质审查的前提下，行政机关多不能私设门槛，增加变更登记申请人以及行政许可相对人的义务，如不能强行要求本案签名股东必须到场确认，我国目前正处于全面深化改革的历史时期，"为推进全民创新、大众创业，行政审批制度改革首当其冲，行政审批改革就是要减事项、减流程、减材料、缩短审批时间，不断推

---

① 详见最高人民法院（2016）最高法行申1286号行政裁定书，认为确有实质错误的行政行为理应得到及时纠正，《中华人民共和国行政诉讼法》第六十九条规定："行政行为证据确凿，适用法律、法规正确，符合法定序的，或者原告申请被告履行法定职责或者给付义务理由不成立的，人民法院判决驳回原告的诉讼请求。"依法进行形式审查的行政行为，如果所依据的材料是虚假或错误的，显然不属于上述"证据确凿"的情形，而应属于主要证据不足的行政行为。如果对履行形式审查义务，但确有实质错误的行政行为，不判决确认违法，不利于行政机关不断提高行政执法水平。

动马上办，网上办，一次办，让企业群众办事便捷高效。政府明令要求工商登记实行形式审查，而司法裁判却判决工商登记进行实质审查，其结果只能损害政府公信力，不利于改革的推进，同时将一线窗口行政审批人员置于追责问责的巨大风险之中，司法效果将不能达到法律效果和社会效果的统一”①。高效便民，放宽市场准入，提高登记效率，是市场经济的必然要求，若对每个市场主体都进行实质审查，不利于打造良好的营商环境，必然阻碍经济发展。另外，工商局工作人员非判断签字真假的专业人员，包括裁判人员也同样要借助第三方司法鉴定机构，据其鉴定意见方能得出参考性判断。

但工商局经过行政相对人或利害关系人申请等途径发现违法行为，能自行纠正的应及时启动纠正程序予以纠正，否则很可能被法院判决确认行政行为违法或被撤销，给当事人的合法权益造成损害后果的，将承担赔偿责任②，工作人员甚至还可能受到纪律处分乃至刑事责任的追究。故工商局必须尽到审慎审查义务，发现违法行为能纠正的及时纠正；也希望司法审查与行政审查标准的统一。

（一）工商局审查中应尽到审慎审查义务，发现违法行为能自行纠正的应予及时纠正

理论研究者和司法裁者均认为，不论审查标准如何，审查机关及人员都应做到审慎审查义务，即登记机关的登记人员对申请材料进行认真慎重地审查，并尽到了注意的责任。具体为登记人员主观按照一般登记人员的知识范畴和工作经验，作出对登记事项的适当理解，客观上做到了法律法规规章所要求的标准及步骤等；登记人员须直观地对申请材料的语言文字、文件数量等作出判断，无需通过鉴定等特别手段进行甄别。对诸如所有权争议和相邻关系等关涉他人权利以及法律、法规、规章规定的需实质审查的情形，为法有明文规定或确有必要的情形，笔者认为登记机关应启动实质审查程序，方为尽到了审慎审查义务。

审查时发现申请材料存在瑕疵且不补正，或接到举报反映申请材料虚假且证据确凿，尚未变更登记的，工商局可不予变更；已经变更的，尽到审慎审查义务不必然导致撤销，工商局认为确有必要撤销的，应及时启动撤销登记程序

① 刘浜：《对一起请求撤销工商登记行为行政诉讼案件分析》，载《中国市场监管研究》2018年第3期。

② 详见河北省承德市中级人民法院（2018）冀08行终110号行政判决书。

依法予以撤销。一则登记机关有自纠程序，二则减少了行政和司法成本，也及时保护了当事人利益，避免不必要的诉累，再则尽可能避免登记人员遭受责任追究。

（二）司法审查与行政审查标准亟待统一

裁判统一是司法公正的应有之义，司法审查标准不一直接导致裁判结果不一致，司法审查采取的标准会径行影响到行政审查标准。恪守全面干涉的实质审查标准显然不现实，笔者从大量的行政诉讼裁判文书中发现，法院在裁判涉及登记行为案件时，大多数法官仍基于实质审查标准对登记行为的合法性进行认定，而行政机关包括工商局在内一般均采形式审查标准，造成当下登记行为合法性界定标准的不明确，也造成司法裁判与行政行为实践的实际分离。故亟待司法审查与行政审查标准统一，法院裁判标准的统一本身是司法公正和司法权威性的内在要求，其作用到行政登记行为所采标准的同一性上，以均衡社会各方的利益将大有裨益。

《最新法律文件解读》丛书
稿　约

《最新法律文件解读》是一套以为最新法律规范提供同步“解读”为主的系列丛书，分为刑事、民事、商事、行政与执行4个分册，按月出版。

本丛书以“解读”为重点，突出全、专、新、快、准等特点，通过对最新出台的法律、法规、司法解释、部门规章以及重要地方性法规进行同步动态解读，弥补了法律、法规、司法解释汇编类出版物没有同步阐释、解读内容的不足，为广大读者学习理解最新法律规范，正确贯彻执行法律文件，及时解决实践中的新情况、新问题，提供一个全方位、多层面的法律信息平台。

欢迎您向以下栏目赐稿：

【最新法律文件解读】主要是对最新颁行的法律文件进行解读，帮助司法和执法人员正确理解法律文件的立法背景、意义、重点内容、在适用中应注意的问题、与相关法律文件的衔接与互动关系等等。

【司法实务问题研究】主要刊登对司法理论、实务及司法管理工作中的热点、疑难问题进行研究及评论的文章。

【新类型疑难案例选评】主要是对司法和行政执法实践中具有典型性和代表性的疑难案例，结合具体案情以及审理或处理结果进行简练精辟的点评，解析认识问题的方法、处理问题的法律依据和在个案中的具体适用。

【法学前沿与新视点】以摘要的形式刊登相关法学理论研究的最新动态及具有代表性和典型性的前沿问题，扩展法学研究的深度和广度。

【法律适用问题解答】主要针对司法和行政执法实践中面临的新问题、热点问题、疑难问题进行简要的解答，指出涉及的法律关系，明确法律适用依据。

稿件一经刊用，即付稿酬，稿酬从优。

《刑事法律文件解读》　姜　峤　邮箱:bj85250573@126.com

《民事法律文件解读》　丁丽娜　邮箱:dlnlaw@163.com

《商事法律文件解读》　路建华　邮箱:shangshijiedu@126.com

《行政与执行法律文件解读》　张　奎　邮箱:271717306@qq.com

人民法院出版社

《最新法律文件解读》丛书编辑部